古田武彦
古代史コレクション
23

古田武彦 著

古代史をひらく

独創の13の扉

ミネルヴァ書房

刊行のことば

いま、なぜ古田武彦なのか——

古田武彦の古代史探究への歩みは、論文「邪馬壹国」(『史学雑誌』七八巻九号、一九六九年)から始まった。その後の『「邪馬台国」はなかった』(一九七一年)『失われた九州王朝』(一九七三年)『盗まれた神話』(一九七五年)の初期三部作と併せ、当時の「邪馬台国論争」に大きな一石を投じた。〈今まで「邪馬台国」という言葉を聞いてきた人よ。この本を読んだあとは、「邪馬一国」と書いてほしい。しゃべってほしい。…〉(『「邪馬台国」はなかった』文庫版によせて)という言葉が象徴するように、氏の理論の眼目「邪馬一国論」はそれまでの定説を根底からくつがえすものであった。

しかも、女王の都するところ「博多湾岸と周辺部」という、近畿説・九州説いずれの立場にもなかった所在地は、学界のみならず、一般の多くの古代史ファンにも新鮮な驚きと強烈な衝撃を与えたのである。

こうして古田説の登場によって、それまでの邪馬台国論争は、新たな段階に入ったかに思われた。

古田説とは、⑴従来の古代史学の方法論のあやうさへの問い、⑵定説をめぐるタブーへのあくなき挑戦、⑶真実に対する真摯な取り組み、⑷大胆な仮説とその論証の手堅さ、を中核とし、我田引水と牽強付会に終始する従来の学説と無縁であることは、今日まで続々と発表されてきた諸著作をひもとけば明らかであろう。古田氏によって、邪馬台国「論争」は乗り越えられたのである。しかし、氏の提起する根元的な問いかけの数々に、学界はまともに応えてきたとはいいがたい。

われわれは、改めて問う。古田氏を抜きにして、論争は成立しうるのか。今までの、古田説があたかも存在しないかのような学界のあり方や論争の進め方は、科学としての古代史を標榜する限り公正ではなかろう。

ここにわれわれは、古田史学のこれまでの諸成果を「古田武彦・古代史コレクション」として順次復刊刊行し、大方の読者にその正否をゆだねたいと思う。そして名実ともに大いなる「論争」が起こりきたらんことを切望する次第である。

二〇一〇年一月

ミネルヴァ書房

前原町方面から糸島半島を望む（朝日新聞社提供）――《第七の扉》

「君が代」を唱える山ぼめ祭り（福岡県・志賀海社）――《第十二の扉》

韓国出土の「三種の神器」と釧
（金浦・良洞里／朝日新聞社提供）
——《第十二の扉》

和多都美神社（長崎県・対馬）
——《第三の扉》

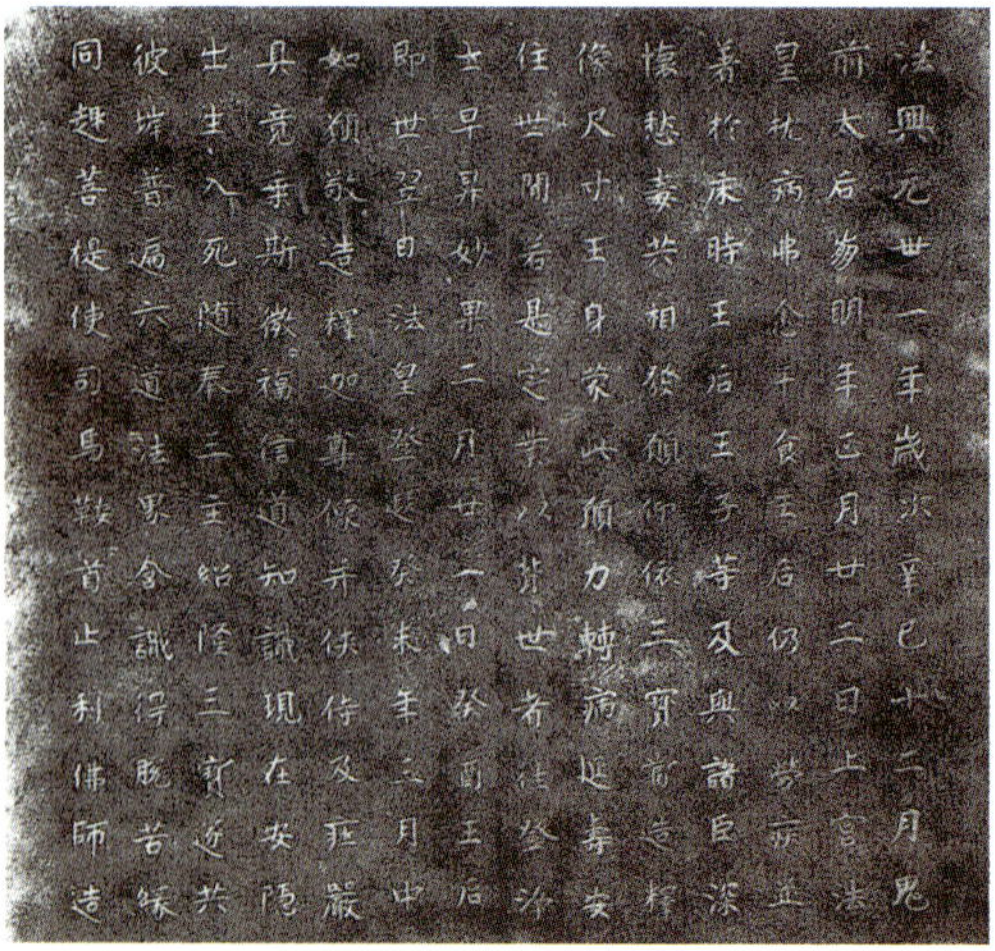

釈迦三尊像光背銘文
（奈良県・法隆寺）
——《第十一の扉》

はしがき――復刊にあたって

珠玉の一篇である。

「邪馬壹国」「日出ず（づ）る処の天子」等のキイ・ワードから、従来説の根幹に対して「?」をもった。明治維新以来、日本の学界と「公教育」が流布してきた日本の歴史像に対して重大な疑問を抱かざるをえなくなったのである。

『古代は輝いていた』三部作は、その全体像をしめしたものだった。『古代の霧の中から』では、わたしの歴史論理の根源をのべた。そのあとの一書、これが今回再刊される。幸せだ。

すでに展開された全体像のあと、キラキラと光る「真実の珠玉」、それがここに秘められている。なぜ、わたしがこのように日本の歴史像を一変する、巨峰へと向わざるをえなかったか。それがここには、クリアーに、ありていに凝縮されている。再読して驚いた。

時は変った。否、変りつつある。それを疑うことのできない、名稿を最後に収録できた。メキシコに住む大越邦生さんの一稿である。「中国の古典・史書にみる長寿年齢」だ。この論稿はやがて日本の歴史学界を照らす「明るい星」のように輝きつづけるであろう。これを本書の読者に贈る。

平成二十六年六月二十二日　稿

古田武彦

はじめに

楽しい本ができた。そういう思いが深くこみ上げてくる。

昨年（一九九一）とは対照的だ。苦しかった。一日一日が重かった。八月六日を待ちかねていた。もちろん、「『邪馬台国』徹底論争」のシンポジウムの準備だった。はじめての苦行、その連続の日々だった。

そのあと、私に訪れた「新発見」の連続。これはいったいなんだろう。わからない。おそらく、あの六日間で、頭が空《から》っぽになった。しぼり尽くした。そのため、乾ききった雑布が水を吸いこむように、飲み尽くした壺に酒が再びなみなみと満たされるように、新しい認識の泉の水を、生涯の日の暮れようとする旅人の私は、むさぼりのどをうるおしているのかもしれない。

それと、もう一つ。こちらのほうが重要だ。市民の中の、多くの方々の知恵、それが私を導いた。いや、導きつづけている。これまでの、この頭脳など、思いもつかぬ新鮮なアイディア。それが次々と、私のもとに〝伝達〟される。あるいは電話。あるいは手紙。あるいはパソコン。あるいは懇談会。私はだんだんと育てられ、徐々に賢くしてもらっている。そういう毎日だ。なんという幸せな、老年であろうか。

土の中からも、「新発見」が頭をもたげてくる。博多の那珂遺跡だ。この八月二十日（一九九二）、テレビで見、翌朝、各新聞を買いに駅前に走った。追いかけるように、各地からファックスや速達が送られてくる。福岡市の教育委員会の見取図がとどけられる。知りたかった、縄文土器の性格、外濠と内濠の関係、その方角などの認識が明確化してゆく。もはや、孤立の中で学んでいた、昔の私がうそのようだ。ありがたい、の一語である。

那珂遺跡で発掘された二重環濠
（福岡市博多区。読売新聞社提供）

博多、そこは「天孫降臨」のご当地だ。現地の考古学関係者の中で著名な、「前末・中初」（弥生前期末・中期初頭）の一線は、この事件の結果。この遺跡は被侵略者側の要塞である。

もちろん、現在の考古学者や古代史学者、その大部分は、「あつものにこりて、なますを吹く」のたとえどおり、やけどを恐れて、あるいは笑われるのを恐れて、「神話」に手を触れようとしないけれども。

そのうえ、博多のことを「奴（な）国」だなどと書きつづける、二十世紀の迷信は、現在のご当地のインテリやジャーナリズムにも、なおはびこっているようだけれども。

――すべては、宿痾《しゅくあ》だ。やがて人々には、その長き病いから癒《い》える日が訪れるであろう。私はその日を待ちつつ、探究の生涯の終わりをむかえることとなろう。

楽しい本ができた。そういう思いが深くこみ上げてくる。

学問は闘いだ。たったひとりの闘いだ。その本質にかわりようはない。だれとの。もちろん、自分の中の頑固なる迷妄との闘いである。だれにも、手助けなどできない。

この本を読者の机辺に送る。それが少しでも、認識の情熱へのかすかな火種となりえたら。もう私には、いうべき言葉はない。

《本文中に「武彦少言」として若干の、ささやかな文章を書いた。ご笑覧あれ。もっと書くつもりだったが、最後の一文を書いたら、もう書くことがなくなった》

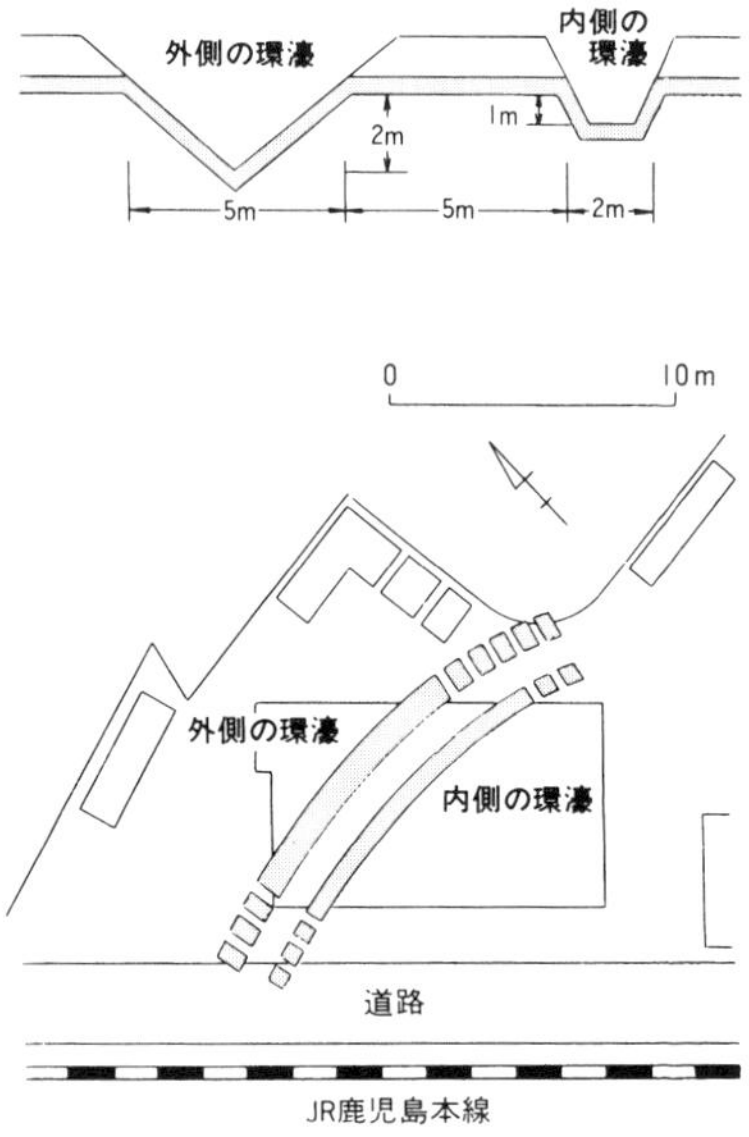

二重環濠の平面図および断面図

古代史をひらく——独創の13の扉

目次

目　次

目　次

目次

目　次

編集協力●編集工房パピルス
写真協力●朝日新聞社・青山富士夫氏・駸々堂出版
毎日新聞社・読売新聞社ほか

＊本書は『古代史をひらく――独創の13の扉』（原書房、一九九二年）を底本とし、「はしがき」と「日本の生きた歴史（二十三）」「中国の古典・史書にみる長寿年齢」を新たに加えたものである。なお、本文中に出てくる参照ページには適宜修正を加えた。

I 《倭人伝》の扉をひらく

其國本亦以男子爲王住七八十年倭國亂相攻
伐歴年乃共立一女子爲王名曰卑彌呼事鬼道
能惑衆年已長大無夫壻有男弟佐治國自爲王
以來少有見者以婢千人自侍唯有男子一人給
飲食傳辭出入居處宮室樓觀城柵嚴設常有人
持兵守衛女王國東渡海千餘里復有國皆倭種
又有侏儒國在其南人長三四尺去女王四千餘
里又有裸國黒齒國復在其東南船行一年可至
參問倭地絶在海中洲島之上或絶或連周旋可
五千餘里景初二年六月倭女王遣大夫難升米
等詣郡求詣天子朝獻太守劉夏遣吏將送詣京
都其年十二月詔書報倭女王曰制詔親魏倭王
卑彌呼帶方太守劉夏遣使送汝大夫難升米次
使都市牛利奉汝所獻男生口四人女生口六人
班布二匹二丈以到汝所在踰遠乃遣使貢獻是
汝之忠孝我甚哀汝今以汝爲親魏倭王假金印
紫綬裝封付帶方太守假授汝其綏撫種人勉爲
孝順汝來使難升米牛利渉遠道路勤勞今以難
升米爲率善中郎將牛利爲率善校尉假銀印青
綬引見勞賜遣還今以絳地交龍錦五匹

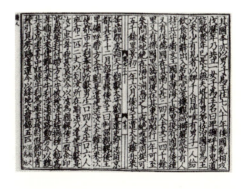

第一の扉　魏の塞曹掾史・張政の証言

張政の証言――木佐提言

二十年の長期滞在

昨年（一九九二）の夏、八月一日から六日まで、「『邪馬台国《やまたいこく》』徹底論争――邪馬《やま》壹国《いちこく》問題を起点として」というシンポジウムが開催されました。主催は、東方史学会、私が勤務する昭和薬科大学[1]の文化史研究室が事務局で、信州の白樺湖にある昭和薬科大学の諏訪校舎を会場にして、文字通り古代史に関する徹底討論が繰り広げられました。

そのシンポジウム参加者の中に、木佐敬久さんと鎌田武志さんがおられました。ここではまず、その時の木佐さんの提言からお話しましょう。

木佐さんは、NHK放送文化研究所の主任研究員をしておられますが、この方が、シンポジウムの第三日目（八月三日）、「行路・里程」の日の夜にひらかれた自由討論の場で発言をされました。しかも非常に重要な発言で、私自身は、いわゆる「邪馬台国」論争というものに実質的には終止符を打った、そのように考えております。

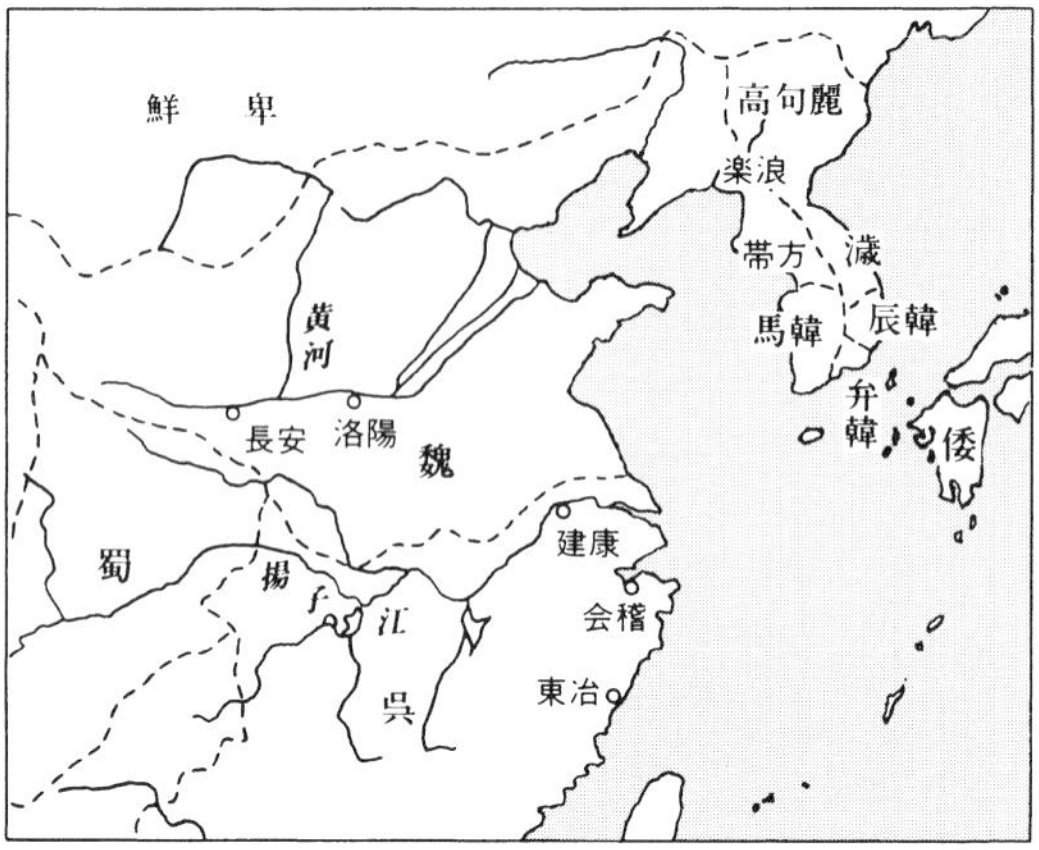

三国時代のアジア

この方の発言内容を私は、「政《せい》・悰《そう》・満《まん》の法則」と命名しております[2]。政・悰・満とは、張政・郭務悰・阿倍仲麻呂（仲満）、この三人の名前から取ったものです（郭務悰、阿倍仲麻呂については、第四の扉で詳述）。最初の張政は、魏志倭人伝に登場してくる人物です。

その（正始）八年、太守王頎《おうき》官に到る。倭の女王卑《ひ》弥《み》呼《こ》、狗奴《こぬ》国の男王卑弥弓呼と素《もと》より和せず。倭載《い(ゐ)さい》、斯烏越《しおえつ》等を遣わして郡に詣り、相攻撃することを説かしむ。塞曹掾史《さいそうえんし》張政等を遣わし、因りて詔書・黄幢を齎《もたら》し、難升米《なんしょうまい》に拝仮し、檄を為して之を告喩《こくゆ》せしむ。

狗奴《こぬ》国に攻められてピンチに陥った倭国の女王卑弥呼《ひみこ》（私は「ひみか」と読みます）の発したSOSを受けて、救援にやって来た魏の帯方郡の塞曹掾史《さいそうえんし》が、この張政です。塞は砦、曹掾史は後漢以来、官職名につく接尾語のようなもので、塞曹掾史とは軍司令官のことです。その軍司令官だった張政がやって来て、その後なんと二十年間、倭国に滞在したわけです。

倭人伝は、卑弥呼の死後女王になった壱与《いちょ》の時代、張政が帰国し、豪勢な献上物を贈ったところで終わっています。その年代は書かれていません。しかし、西晋の歴史書である晋書倭人伝や神功紀をみますと、泰始二年（二六六）、倭国からの使者が西晋にやって来た件が記されており、(3)それにあたると考えられます。
これに関して、日本書紀の神功紀（六十六年）に、次のような記事が出ています。

晋、起居注《きこちゅう》に云う、武帝の泰始の初め、二年十月、貴倭の女王、重訳を遣わして貢献す。

起居注《きこちゅう》とは、天子に仕える記録官が記した天子の動向記録のことです。いわゆる正史を書くための元の史料になるものです。それらによると、張政の帰国は泰始二年となります。張政が倭国に来たのが正始八年（二四七）ですから、その間は二十年と判明するわけです。
この張政の倭国長期滞在を、木佐さんは採り上げたのです。

武彦少言(1)

私が木佐さんにはじめて会ったのは、下関だった。当地で地名の研究のベテラン、郷土史にも深く通じた前田博司さん。この方のお招きで、講演した。その夜、前田さんのお宅に何人かの〝仲間〟が集った。その中に木佐さんがおられた。
そのとき、木佐さんは私に聞かれた。「張政は二十年間、倭国にいたようですが、その間、ずっといて、本国には帰らなかったんでしょうか」と。私の答。「いや、そんなことはないと思います。少なくとも、帯方郡には、ときどき帰っていたと思いますよ。報告なんかありますしね。奥さんや子供に会いに帰ることもあったかもしれませんしね。でも、そんなこと、いちいち〝帰った〟〝帰った〟と書くような本じゃないですよね。一国の正史ですから、三国志は」。こともなげにそう答えた、という。私のほうは忘れていた。頭わるいな、もう。あの軍事報告書の話は出なかったけど。シンポジウムのあと、木佐さんから聞いた話。

張政の報告は正確である

張政は、倭国に観光のために来たのではなく、駐在武官として来たわけで、当然、倭国の情勢を収集し、帯方郡や洛陽にいる天子に報告する使命を帯びている。その報告書にもとづいて書かれたものが、倭人伝である。したがって、倭人伝の内容、たとえば、倭人伝に関心のある人ならだれでも知っている行路・里程もまた軍事上の情報であり、正確なものであるはずだ、と木佐さんは指摘されたのです。

この木佐提言によって、「邪馬台国近畿説」は吹っとんだといえます。なぜなら、近畿説は、倭人伝に書かれた東、南という方角を、南は東と直さなければ成立しないからです。また七千余里、千余里といった里程表記は誇張である、と近畿説ではいっています。しかし、二十年間も倭国に駐在した軍司令官が、方角や距離をまちがえて報告したなんて考えられるでしょうか。

また、大事なことは、帯方郡から倭国にやって来る日数です。いざ軍隊を送ろうという時に、何日かかるかわからなければ、糧秣その他でたいへん困ってしまう。極論すれば、卑弥呼がどんな女性だとかいうのはなくてもいい、帯方郡から倭国の都までの日数・行程さえわかればよいわけです。したがって、倭人伝に記された有名な「水行十日・陸行一月(4)」は、基本日程である、リアルな記述であるという理解に達せざるをえない。

この木佐提言に合格できる説とはどれか？　それは、幸いにも、私が二十一年前、昭和四十六年、『「邪馬台国」はなかった』で発表した説だけであった、こう申し上げていいでしょう。私は、木佐さんのような考え方に基づいて書いたのではありませんでした。あとでも述べますが、「部分里程を全部足したら総里程になる」、これを金科玉条に考えた末の結論でした[5]。

ところが、私を除くすべての論者は、部分里程を足して総里程となっていなかったのです。そして、自分の解釈で里程問題を扱っておられたのが現状でした。この里程問題を解決するきっかけとなったのが、倭人伝中の次の箇所の解読でした。

始めて一海を渡る千余里、対海《たいかい》国に至る。……居る所絶島、方四百余里なる可《べ》し。……又南一海を渡る千余里、名づけて瀚海《かんかい》と曰う。一大《いちだい》国に至る。……方三百里なる可《べ》し。

いまの対馬にあたるのが対海国で、壱岐にあたるのが一大国です。それぞれ、方四百余里、方三百里と記されています。この数値が足し算されていなかった。そこで、半周ずつ足しますと、四百と四百で八百里、三百と三百で六百里、不足していた合計千四百里がピシャリ出てきたのでした。この解読を私は、「島めぐり読法」と名づけております。そこで初めて、『「邪馬台国」はなかった』を書く決心ができたというわけで、私にとっては思い出深い論証です。

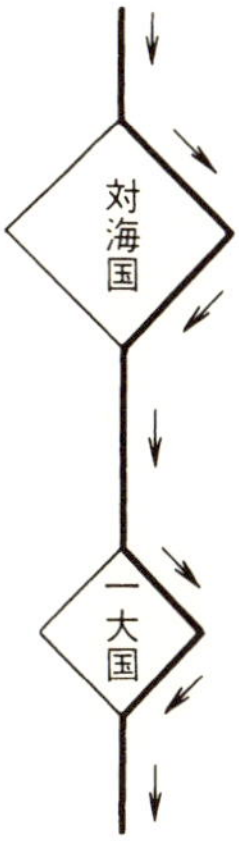

島めぐり読法

次に、「水行十日・陸行一月」について再論しておきましょう。

まず、水行十日とは、帯方郡治から帯方郡西南端にいたる水行と、狗邪韓国《こやかんこく》から末盧《まつろ》国にいたる水行とを合わせたもの、と考えました。陸行一月とは、帯方郡西南端に上陸してから狗邪韓国にいたる陸行、対海国内と一大国内の陸行、さらに末盧国から邪馬台国までの陸行、この三つを合わせたものと考えたのです。そして肝心の邪馬台国、私のいう邪馬壹国の所在地は九州の博多湾岸とその周辺である、との結論に達したのです。

詳しくは、現在、角川文庫にこの本が収録されていますので、お読みいただければ幸いです（朝日文庫に収録。ミネルヴァ書房より復刊）。

さて、こういうわけで、木佐提言が正しければ、道理にかなっているならば（私の理性では正しいとしかいいようがないと思います）、これまでいろんな論者があげた「邪馬台国」説は、すべて過去の話になってしまった。もちろん、そうではないと異議を唱えてもかまいませんが、その場合には、この木佐提言のどこがまちがっているかをきちんと指摘しなければならない。

私は、古代史の研究史において、「木佐前・木佐後」という言葉をつくるべきだと思います。それほど画期的な提言なわけです。

「日の出ずる所」はどこか――鎌田提言

粛慎の長老の証言

次に、「鎌田提言」に入りたいと思います。

木佐提言のあった前日すなわち八月二日のシンポジウムは、「言語――国名・地名・鏡銘等」の日でした。当日の講師の一人が鎌田武志さんでした。鎌田さんは青森県で高校の先生をなさっておられる方ですが、講壇に立った鎌田さんが、

「私は、古田説に反対です」

と発言され、次のような趣旨の提言をされました(6)。

『「邪馬台国」はなかった』の中で、私（古田）が東夷伝の序文を紹介している箇所があります。東夷伝とは、陳寿が書いた三国志の夷蛮伝の中にあるもので、その序文は、陳寿がなぜ東夷伝を書いたのかを説明している文章です。序文の中に、こういう箇所があります。

> 景初中、大いに師旅を興《おこ》して淵を誅《ちゅう》す。又軍を潜し海に浮び、楽浪《らくろう》・帯方《たいほう》の郡を収む。而《しか》して後海表謐然《ひつぜん》として、東夷屈服す。其の後、高句麗《こうくり》背叛《はいはん》す。又偏師《へんし》を遣《つか》はし、討窮《とうきゅう》を致し、極遠に追ひ、烏丸《うがん》・骨都《こつと》を踰《こ》えて、沃沮《よくそ》を過ぎ、粛慎《しゅくしん》の庭を践《ふ》み、東、大海に臨む。長老説くに「異面《いめん》の人有り、日の出ずる所に近し」と。

これに対する説明として、私はその本のなかでこう書いております。

> この「異面の人」は明らかに、顔にいれずみをした「黥面《げいめん》」の民たる倭人をさしている。「日の出ずる所に近し」という表現も、中国側の人の表現として適切であろう。この「長老」とはどこの長老だろうか。倭人を「日出」の方角として認識しているのだから、中国の長老、それも首都洛陽や江南地方（会稽山を中心とした地域）などの長老であろう。しかも、ここに「長老の伝承」としたことによって、「倭人に対する認識」が代々伝承されてきたことを、陳寿は示唆しているのである。

この点を鎌田さんは採り上げて、古田の解釈はまちがっている、といわれたのです。

東夷伝序文においてはその直前に、有名な毌丘倹《かんきゅうけん》という将軍に率いられた魏の軍隊が高句麗を攻めたことが記されている。魏軍は連戦連勝し、現在の北朝鮮からウラジオストクに近い日本海沿岸へと達した。粛慎《しゅくしん》とは現在の沿海州を治めていた集団である。したがって、「大海」とは「日本海」のことを指し、「長老」とは「粛慎の長老」と理解すべきである、と鎌田さんは述べられたわけです。

鎌田さんは国語の先生をなさっておられるだけあって、言葉の解釈が精密ですね。

続けて鎌田さんは、沿海州の長老にとって「日の出ずる所」とはどこか？　沿海州からみると、倭人のいる北部九州ではおかしい。それは、わが青森県である。そして、「異面の人」とは青森県周辺で出土する「遮光器土偶」のモデルとなった人々のことではなかろうか、と締めくくられたのでした。

実は、私はその時、すぐ反論することができませんでした。こういう批判内容は、初めてうかがうものだったからです。

それからほぼ一カ月後、鎌田さんが主宰する青森の「市民古代史の会」で講演するため鎌田邸に泊めていただいた九月一日の朝のことでした。鎌田さんから、「古田さん、あの件はどうなりましたでしょうか」と、シンポジウムでは出せなかった回答の催促を受けたのです。それで、講演が始まるまでの一時間、書斎と三国志をお借りして全力を集中したわけです。

その結果得た結論は、鎌田さんの私への批判はまことに正しい、『「邪馬台国」はなかった』における私の見解は誤りとしなければならない、ということでした。

その理由を申し上げます。

第一は、鎌田さんのご指摘どおり、文脈からいって、長老とは、私のいう「中国、それも首都洛陽や

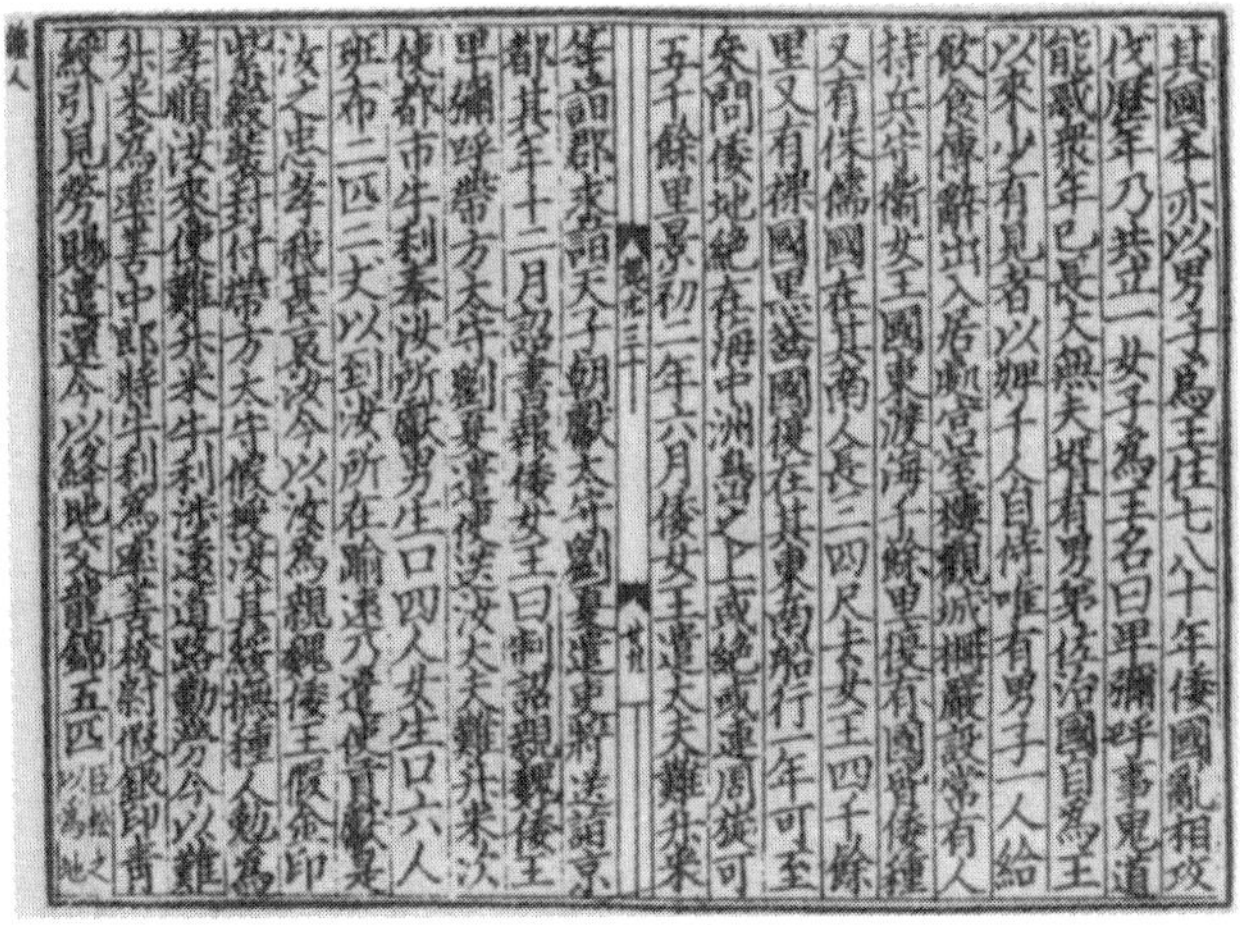
其國本亦以男子爲王住七八十年倭國亂相攻
伐歷年乃共立一女子爲王名曰卑彌呼事鬼道
能惑衆年已長大無夫壻有男弟佐治國自爲王
以來少有見者以婢千人自侍唯有男子一人給
飲食傳辭出入居處宮室樓觀城柵嚴設常有人
持兵守衞女王國東渡海千餘里復有國皆倭種
又有侏儒國在其南人長三四尺去女王四千餘
里又有裸國黒齒國復在其東南船行一年可至
參問倭地絶在海中洲島之上或絶或連周旋可
五千餘里景初二年六月倭女王遣大夫難升米
等詣郡求詣天子朝獻太守劉夏遣吏將送詣京
都其年十二月詔書報倭女王曰制詔親魏倭王
卑彌呼帶方太守劉夏遣使送汝大夫難升米次
使都市牛利奉汝所獻男生口四人女生口六人
班布二匹二丈以到汝所在踰遠乃遣使貢獻是
汝之忠孝我甚哀汝今以汝爲親魏倭王假金印
紫綬裝封付帶方太守假授汝其綏撫種人勉爲
孝順汝來使難升米牛利涉遠道路勤勞今以難
升米爲率善中郎將牛利爲率善校尉假銀印青
綬引見勞賜遣還今以絳地交龍錦五匹臣松之以爲地

倭人伝中の「裸国・黒歯国」の記述の箇所（右から八行目）

江南地方の長老」ではなく、「粛慎の長老」と考えるのが自然である。

第二に、倭人伝の、

　男子は大小となく、皆黥面文身す。古《いにしえ》より以来、その使中国に詣《いた》るや、皆自ら大夫《たいふ》と称す。

の解釈です。「その使」とは倭国の使者で、「古より」とは、いま＝秦・漢・魏・西晋に対する「古」ですから「夏・殷・周の時代から」となります。すると、倭国の使いは周代以降、何度も朝貢に来ていますから、男子の使いが「皆黥面文身」していることなど、すでに知っていたはずです。そんなことは、中国にとって千年以来の都の常識であったわけです。なのに、いまさら倭人伝で新たな事実として報告するなんて空々しい。そのことに私は気がついたのです。

　第三番目が、「裸《ら》国・黒歯《こくし》国」の解釈です。『「邪馬台国」はなかった』をお読みいただいた方には忘れられない倭人伝の一節があります(7)。

女王を去る四千余里。また裸国・黒歯国あり。またその東南にあり。船行一年にして至るべし。倭の地を参問するに、海中洲島の上に絶在し、あるいは絶えあるいは連なり、周旋五千余里ばかりなり。

女王のいる倭国の東南方向で、船で行けば一年（倭人は二倍年暦を使用していたので、現在の暦に直せば半年）かかるところに、「裸国・黒歯国」がある、と陳寿はいっているのです。裸国・黒歯国は人間が住み、文明がある国で、当然のごとく太陽が照っている。逆にいえば、太陽の照る裸国・黒歯国から西北へ船で一年行ったところに倭国があることになる（陳寿には二倍年暦という概念がなく、文字通り一年と考えていた）。

「長老説くに……」は東夷伝序文に書かれています。序文というものは通常、本文のあとに書くものですね。私も本を出版する時に経験するのですが、たいてい本文が組み上がったあと、編集者にそろそろ序文をお願いしますといわれてから書くのです。だからこの場合も、陳寿は、東夷伝の序文を書く時には当然、倭人伝の内容を知っていた、倭国というのは太陽の出るところから西へ船行一年のところであることを知っていたはずです。なのに、いまさら「長老」からいわれて大騒ぎするというのはどう考えてもおかしい。

というわけで、私が『「邪馬台国」はなかった』で、「異面の人」を倭国の人と解釈したのは誤りであった、鎌田さんの批判は正しいとの結論に達したわけです。

武彦少言(2)

少年時代は運動能力抜群だった（つもり）。が、いまは運転できない。いつも考えごとしてるから危い、ととめられている。かわりに鎌田さんたちが各自の車で次々ご案内いただいた。その地図の一部がこれだ（『津軽が切りひらく古代——東北王朝と歴史への旅』新泉社刊。「東北王朝古田マップ」）。

① 唐川城跡	⑬ 弘前市立博物館
② 日吉《ひえ》神社・山王坊跡	⑭ 石塔山
③ 神明宮・オセドウ貝塚	⑮ 垂柳遺跡
④ 福島城跡	⑯ 猿賀神社
⑤ 市浦村歴史民俗資料館	⑰ 三内・沢部遺跡
⑥ 亀ヶ岡遺跡	⑱ 三内・近野遺跡
⑦ 語　邑	⑲ 小牧野遺跡
⑧ 森田村歴史民俗資料館	⑳ 青森県立郷土館
⑨ 石神遺跡	㉑ 稽古館
⑩ 砂沢遺跡	㉒ 青森市教育研修センター
⑪ 大森勝山遺跡	㉓ 下湯ダム
⑫ 大石神社	

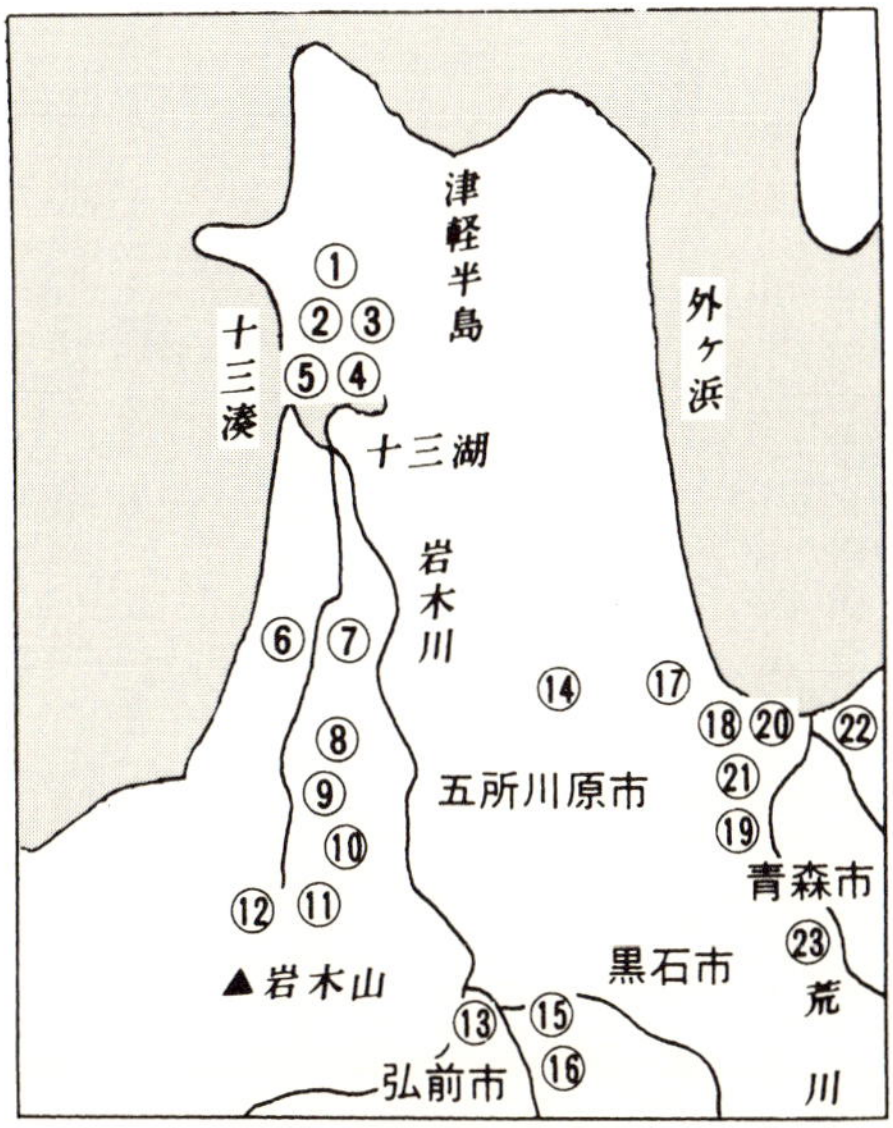

東北王朝古田マップ

東の果ての国「裸国・黒歯国」

では、「日の出ずる所」とは「青森県」、「異面の人」とは「古代の青森県人」である、とする鎌田説は正しいのだろうか。この説もまた否である、と申し上げねばなりません。それはなぜか。

東夷伝の序文をあらためて見てみましょう。「長老説くに……」のあとにこうあります。

遂に諸国を周観し、其の法俗を采《と》るに、大小区別し、各名号有り、得て詳紀すべし。

つまり、長老にそういう話を聞いたので、実際に諸国をまわってみた。そこのルールや風俗を採集した。小国や大国があり、皆名前をもっていた。それらを詳しく書き記すことができた。こういっているのです。では、青森県のことが東夷伝に「詳紀」されているか。あの遮光器土偶のことが書かれているか。書かれていれば、私自身も大喜びなのですが、残念ながらその形跡はない。というわけで、鎌田説も成立しない。

裸国・黒歯国は、倭人伝はおろか三国志全体の中で、一番東の国として出ています。『「邪馬台国」はなかった』の中で、私はそれを、南米の西海岸の北半分の地、今のエクアドル、ペルー近辺と理解した。それよりさらに東方のアフリカやヨーロッパのことを記した形跡はありませんから。また、長老のいう「異面の人」がいる「日の出ずる所」の所在地も同様に解釈していました。これもまた、訂正しなければならないわけです。

では、いったい裸国・黒歯国とはどこなのか。もう答えは、はっきりしていますね。それを引き出すには、もうひとつ重要な裏づけ、視野が必要です。

粛慎[8]とは、挹婁ともいいますが、魏志挹婁伝に、

挹婁は夫余の東北、千余里に在り。大海に濱《ひん》す。南、北沃沮《よくそ》と接し、未だ其の北の極まる所を知らず。……古の粛慎氏の国なり。

と書かれています。粛慎の長老がウラジオストクの長老とすれば、そういう沿海州を含む、氷の文明圏ですね。つまり、これは中国とは別個の北方の一大文明圏となります。その文明の常識にもとづいて長老は語った。粛慎の常識とは何か、ということになりますが、彼らにとって南の中国内部の黄河や揚子江は知らなくてもいいのです。必ず知っていなければならないのが、ベーリング海峡の存在ではないでしょうか。

なぜなら、粛慎の人々は狩猟を営む。冬場、ソリに乗って獣を追っていくと、氷結したベーリング海峡を越えることもあるでしょう。そこは、いまのアラスカです。彼らは生活上の知識としてアラスカすなわちアメリカ大陸を知っていたことになります。それが粛慎の常識であった、と私は理解します。

知られていたアメリカ大陸

粛慎の人々がアメリカ大陸を知っていたとなると、そこに住んでいる人々のことも周知していたでしょう。その人々とは、いうまでもなく、「アメリカインディアン」、この言葉は差別用語ですから、アメリカ大陸の先住民族と申し上げます。この誇り高き古代アメリカの先住民族は、その時代においても、入れ墨を施していたでしょう。彼らが「異面の人」として表現されたわけです。

こうなると、粛慎の長老のいう「日の出ずる所」とは、当然アメリカ大陸のことであった、となりま

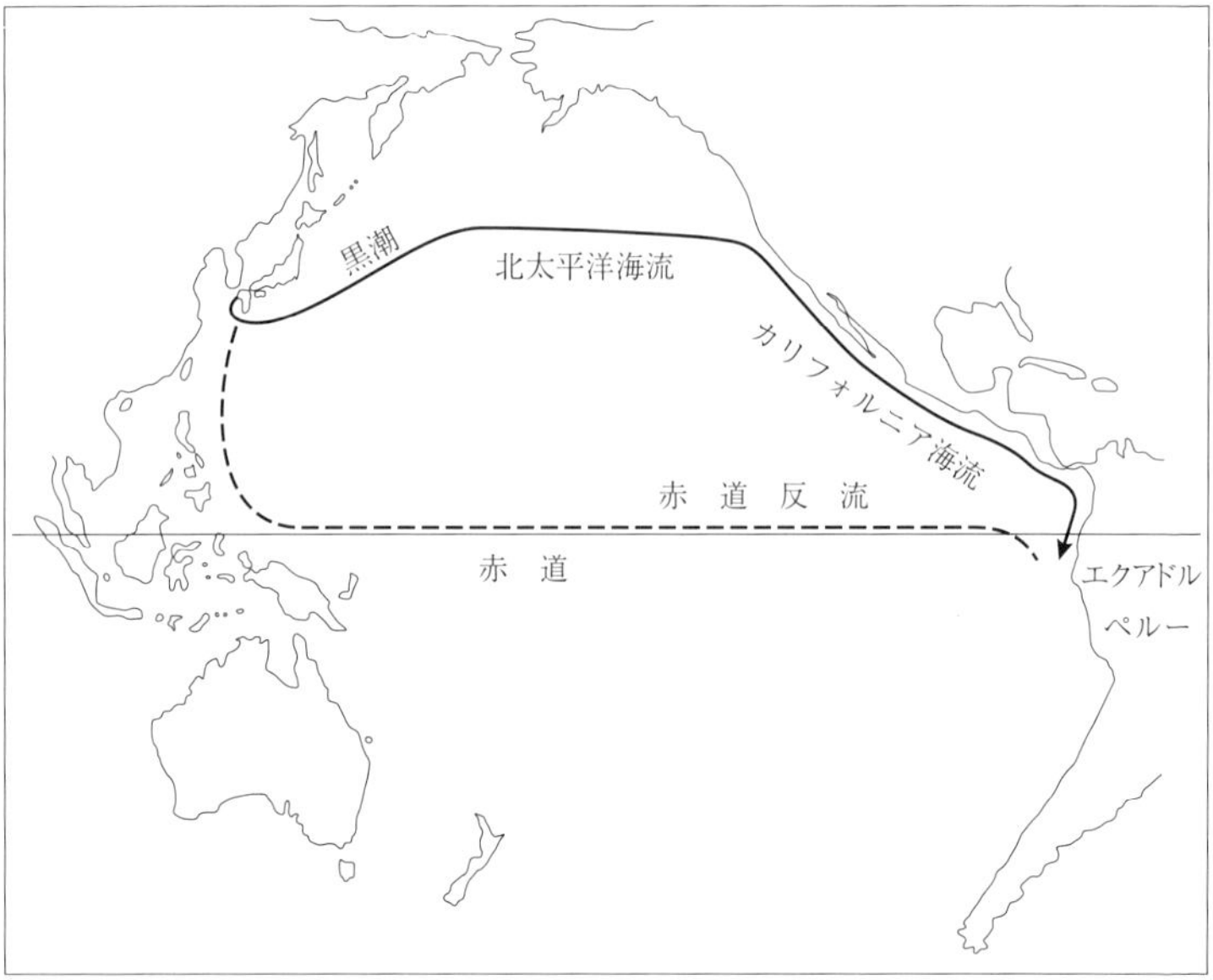

倭人の太平洋横断（『「邪馬台国」はなかった』より）

すね。と同時に、この場合重要なのは、北アメリカだけでないという点です。

ベーリング海峡の南には、北太平洋海流すなわち黒潮が流れています。その暖流が、アメリカ大陸の西岸部を南下する。そして、南米のエクアドル、ペルー付近まで行った地点で、南極から北に流れてくるフンボルト寒流とぶつかる。そこは、地球上でも最大の漁場となっています。余談ですが、天野常太郎さんという日本人がペルーで財をなしたのは、その漁場をバックにされたからです。

この海域での漁は沿海漁業ですから、この漁場の存在を粛慎の漁民が知らなかった、とは考えられません。

となると、粛慎の常識において、アメリカ大陸の南半分の西海岸地域も周知のところであったことになります。エクアドル、ペルーは、三世紀、アンデス（先インカ）

文明が栄えた地帯で、たとえば、エクアドルのバルディビア遺跡からは、日本の縄文土器に極似した土器が出土しております[9]。

おそらく、このことを粛慎の長老から聞いた中国人は、半信半疑だったと思います。ところが一方、海の民である倭人が、独自のノウハウで船に乗って東南へ行って、そこに大きな陸地がある、そこには文明がある、といっていることは中国人も知っていた。そこで、彼らは、あの粛慎の長老が語っている話は、倭人のいうことと大略一致している、そのように判断して三国志に記したのではないか。これが私の新たに到達した結論です。

『「邪馬台国」はなかった』において、私は、倭人伝の中の裸国・黒歯国はリアルな記述である、と主張して、多くの人からバカにされたり、ずいぶん忠告をうけたりしたものです。その私ですら、裸国・黒歯国の記述は、倭人伝中の一エピソードとしてしか理解していなかった[10]。ところが、そうではなかったのです。

三国志は、中国の魏・西晋の朝廷が書いたものです。政治的には、親魏倭王、すなわち倭国がわが魏朝に朝貢するにいたった、これは光武帝への倭奴国による朝貢（この時、「漢委奴国王印」の金印を光武帝より賜っている）に匹敵する、魏・西晋朝の誇りである、との主張がその基本にあります。

しかし、同時に、魏・西晋朝の人は、人間としての認識を欲した人たちであった。毎日太陽を見ておれば、東の果てには何があるのか、それを考えない人はいない。「その東に関する確度の高い情報を、一方は粛慎の長老から、もう一方は倭人から得たので、ここにそれを記す。漢の王朝も持ちえなかった遠い東の認識を、わが魏・西晋朝はよくすることができた」といっているのです。

すなわち、魏・西晋朝による行動の成果を誇る、「東方大陸」情報の文章[11]でもって、この三国志は終わっているわけです。いいかえると、三国志の一番最終の報告は、「伝聞」による、アメリカ大陸の〝発見〟であった、といえます。そのことを、鎌田さんの率直なご批判のおかげで知ることができた。くしくも、まさに今年は、コロンブスによるアメリカ大陸発見の五百周年にあたります。ちょうどその年に、コロンブスよりはるか以前、中国の歴史書がアメリカ大陸の発見報告でその掉尾を飾っていた、ということに気づいたわけであります。

漢書に記されていた「日の入る所」

さて、三国志において東の果てはこのように認識されていたわけですが、では西の果てはどのように認識されていたのでしょうか。

司馬遷が書いた史記の大宛《だいえん》列伝に、次のような一節があります。

太史公曰く、禹《う》本紀に言う「河、崑崙《こんろん》に出づ。崑崙、其の高さ二千五百余里、日月相避隠して光明を為す所なり、其の上に醴泉《れいせん》・瑤池《ようち》有り」と。今張騫《ちょうけん》の大夏に使するの後よりや、河源を窮《きわ》むるに、悪《いずく》んぞ本紀に所謂《いわゆる》崑崙なる者を睹《み》んや。故に九州の山川を言うは、尚書之に近し。禹本紀・山海経《さん(せん)かいきょう》の所有の怪物に至りては、余敢えて之を言わざるなり。

「太史公」は司馬遷のことで、いつも彼は列伝の最後に短い批評の文章を書くのです。ここでは、司馬遷は、禹《う》本紀（司馬遷のいた当時の古典）に「黄河は崑崙《こんろん》山から出ている。崑崙山の高さは二千五百余里、日月が避け隠れして光明をなす山である。その山の上に醴泉《れいせん》、瑤池《ようち》という泉と池がある」と書かれている。しかし、わが漢王朝の武帝が張騫《ちょうけん》を西域に派遣して以来わかったことは、禹本紀がいっているような崑崙山などはなかった、そこで日月が隠れて終わるようなこともなかった。崑崙山らしきところからさらに黄河の上流すなわち西へ行っても、まだ太陽は照っていた。だから、禹本紀のいうことはうそだった。九州とは、天子の直轄領で黄河・揚子江流域ですが、この地域の山や川のことは尚書（書経のこと）の記すところとだいたい合っていた。だから、禹本紀や山海経《さん(せん)かいきょう》のようなあやしげな書物については、もうこれ以上言及しない、あんなものはウソだ、そう司馬遷は語っているのです。

ここには、張騫を派遣するという漢王朝の勇敢なる行為によって、夏・殷・周王朝の認識の誤りを訂正することができたという、いかにも漢の王朝らしい、自由で誇りやかな表現があります。

実は、その続きをなす記事が、漢書西域伝にあるのです。史記は前漢の終わりごろの書物で、漢書は後漢の初期に班固《はんこ》によって書かれたものです。

> 烏弋《うよく》山離国。王長安を去ること万二千二百里。都護に属せず。戸口勝兵、大国なり。東北、都護の治所に至る、六十日行。東、罽賓《けいひん》と、北、撲挑《ぼくちょう》と、犂靬《りけん》・条支と接す。行くこと百余日なる可し。乃ち条支に至る。国、西海に臨む。暑溼《しょしつ》・田稲。大鳥有り、卵、甕の如し、人衆甚だ多し。往往小君長有り。安息《あんそく》之に役属す。以て外国と為す。善眩。
>
> 安息の長老伝え聞くに、条支に弱水・西王母《せいおうぼ》有り。亦未だ嘗て見ざるなり。条支より水に乗じて西行し、百余日なる可し。日の入る所に近しと云う。

まず、烏弋《うよく》山離国という西域の話から始まり、そこには都護すなわち中国の政治的軍事的中心地がある。そこから東北へ行くと、罽賓《けいひん》、撲挑、犂靬《りけん》がある。そこから百余日ばかり行くと条支にいたる。そこは西海に臨む暑い国で、田んぼに稲があった。大きな鳥がおり、その卵は甕のようである。人がたくさんいて、往々小君長がいる。安息はこれに属し、もって外国となす、と書かれています。

この安息とは現在のイラン、ペルシアです。条支とはアラビアかといわれておりますが、トルコではないかと思うのです。それはなぜか。後漢書（西域伝）の次の記事を見てください。

条支国。城、山上に在り。周回四十余里。西海に臨む。海水、其の南及び東北に曲環す。三面路絶、唯西北隅、陸道に通ず。土地暑溼《しょしつ》、師子・犀牛・封牛・孔雀・大雀を出す。大雀、其の卵甕の如し。北に転じて東し、復馬行六十余日、安息に至る。後に条支に役属す。為に大将を置き諸小城を監領す。

これによると、西北の隅だけが陸とつながり、条支国は三方が海であるように書かれています。

さてここで、もう一度、漢書西域伝にもどります。そこに「善眩」というのが出ていますね。これは、エジプト魔術(12)あるいはトルコ魔術のことではないでしょうか。人の目を眩ます魔術だろうという注釈がなされております。それはさておき、その次がいま問題の箇所です。

条支すなわちトルコから西へ、百余日ほど海を行った地点が、日の入る所に近いという。

となっていることにご注目いただきたい。この「日の入る所」とは、どこでしょうか。私は、アメリカ大陸ではないかと考えます。

スケールの大きい中国史書

最近、岩波文庫から『コロンブス航海誌』という本が出ております。その本を読んだ原田実さん、彼は私の大学で助手をしている博学な青年ですが、彼から教えられたことがあるのです。

『コロンブス航海誌』によると、スペインからアメリカ大陸まで約七十日かかる。スペインからトルコまで約三十―四十日かかるとすると、トルコからアメリカ大陸までが百余日になる。すなわち、後漢書のいう、条支国から百余日にある「日の入る所」とはアメリカ大陸ではないか、と。

このことは、実際に行ったのではなく、見聞によるとしても、地球が丸いという認識の一歩手前まで、その記録が及んでいたことを意味しているわけです。やはり、安息の長老の情報は正確だったのですね。安息の長老にとっては伝聞ですが、おそらく条支の人々は実際にそこへ行った経験があるのではないでしょうか。そうでないと、百余里という日程が合致するはずがありませんから。偶然の一致とも考えられません。

そうすると、史記は紀元前、この漢書は紀元後の記録ですが、このころ、すでにいまのトルコあたりの人々は、アメリカ大陸に到達していたという証拠になります。

殷・周の王朝は、崑崙山すなわち日の入る所までの認識を得たことを誇りとした。対して、新興国たる漢王朝は、その認識を超えることができたのを誇りとした。それが、史記の大宛列伝、漢書の西域伝が表記したところであった、というわけです。

当然、三国志を書いた陳寿はそれらの書物を読んでいたはずです。三国志の最初の読者である洛陽のインテリたちも読んでいた。ですから、そのことを前提にして、わが魏・西晋朝は、漢王朝も達しえなかった東の果て、日の出る所を、粛慎の長老の報告によって知りえたのだ、というところが、三国志の最大の主張であったわけです。

このようにして、中国の歴史書に秘められていた非常にスケールの大きな認識を、私は知ることができました。これは、鎌田さんがシンポジウムで私の説に対して反対ですといってくださったおかげです(13)。

注

(1) 東京都町田市。

(2) 「すべての歴史学者に捧ぐ——政・悰・満の法則」(『昭和薬科大学紀要』第二十六号、一九九二)参照。

(3) 「泰始の初め、使を遣わして重訳して入貢す」(晋書倭人伝)。

(4) 「南、邪馬壹国に至る。女王の都する所、水行十日陸行一月」(三国志、魏志倭人伝)。

(5) 「キュリー夫人伝」(アメリカ映画。グリア・ガースン主演)や『ピエール・キュリー伝』(キュリー夫人著、白水社刊)などの中心テーマに「部分と全体」の論理がある。青年時代にくりかえし見た映画、また愛読書。

(6) 鎌田さんは当初、源氏物語について発表される予定だった。私の倭人伝研究の「方法」の適用として語りたい、とのこと。ところが、急に発表テーマの変更があり、今回の提言となった。

(7) この問題の最近の展開については、「『コロンブス以前』の新大陸発見に関する報告——メガース夫人と故エバンス氏に捧げる」(『昭和薬科大学紀要』第二十六号、一九九二)参照。

(8) 「武王(周の第一代の天子)の時、粛慎氏、楛矢《こし》・石砮《せきど》を貢す」(国語、魯語下)
「成王(周の第二代の天子)既に東夷を伐ち、粛慎来賀す」(書経、序文)
「楛」はにんじん木に似て赤い木。矢の幹にする。「石砮」はやじりとして用いる石。やの根いし(『諸橋大漢和辞典』)。

(9) 〝モンゴロイドがベーリング海峡を渡ってアメリカ大陸に渡り、先住民となった〟という有名な説は、すなわち「粛慎、出発説」もしくは「粛慎、通過説」である。したがって「粛慎人がアメリカ先住民を知らなかった」ということは考えられないであろう。
(10) 『「邪馬台国」はなかった』第六章Ⅲ「アンデスの岸に至る大潮流」。
(11) 一つは、粛慎の長老の説、他は、倭人伝の中の「裸国・黒歯国」の記事を指す。
(12) 漢書張騫伝によると、犂軒（エジプトのアレクサンドリアか）が眩人（幻人）を献上したので、天子が大いに悦んだという。
(13) 吉田堯躬《たかみ》さん（古田武彦と古代史を研究する会）など、私の旧説を支持しておられる方もある。

第二の扉　中国文明の淵源・西王母国はどこか

短里の先例

司馬遷の誤断

第一の扉で紹介した司馬遷の史記の大宛列伝について、今年（一九九二）の三月になってから、さらに進展が見られましたので、ここにご報告させていただきます。

史記の大宛列伝にある司馬遷の批評、これはまちがっているのではないかと感じはじめたのです。何がまちがっているかというと、司馬遷は禹本紀の内容を誤読しているのではないかということです。

禹本紀において、日や月が崑崙山に沈む、とありますが、そういっている人はだれか、その人の目はどこにあるのか。それは、崑崙山の東の山麓や盆地に住む人々であり、そこから見た視点ですね。ですから、その表現はリアルといってよいでしょう。すると、日や月が崑崙山に沈むというのであれば、「日月避け隠れる所也」と書けばすむはずです。ところが、「避隠して光明を為す所也」となっている。このニュアンスが私にはひっかかったのです。で、これはズバリ申し上げますと、夕焼けのことではないかと思うのです。崑崙山に日があふれたら光明をなす、と非常にリアルな描写なわけです。

次に「其の上に醴泉《れいせん》、瑤池《ようち》有り」と書かれています。ここから先は、私の想像ですが、そのいわんとするのはこうではないでしょうか。

お日様、お月様が、夕焼けの中でだいぶんくたびれている。ところが、醴泉・瑤池で水浴びすると、元気を取りもどし、また朝になると神聖な太陽となって昇る。つまり、醴泉・瑤池は、ちゃんと役割を持っているのではないか、と思うのです。

なぜ、このように考えたかといいますと、こういう経験があったからです。数年前のことですが、『サンデー毎日』が古代史の特集をした時、私は、広島県の三次《みよし》の奥にピラミッドがあるので、それを見に行ってほしい、といわれました。いわゆるピラミッドなんていうことは信用できない話だが、旧石器・縄文時代にさかのぼる神聖な聖地である可能性はありうる、との関心で、現地へ行きました。

その際、思いがけない副産物がありました。そこは、私が少年時代に育った三次盆地の少し南方にあたる盆地で、山の上に小さな湖がありました。その湖にまつわる伝承に、お日様やお月様は、夕方西に沈む、そしてこの湖でお風呂に入る。お日様やお月様はお風呂に入らないと気持ちが悪い、そしてきれいになって、翌朝元気よく出てくる。この伝承は、いかにも日本人的な発想で、私は非常に気に入った。いい話だとの印象を持ちました。金属器の出現しない、その内容から判断して、旧石器・縄文時代にさかのぼる伝承と考えてみても不自然ではありませんね。(1)

醴泉・瑤池について考えるにあたって、そのことを思い出したというわけです。この崑崙山の地においても、日月は入浴していた。この、きわめて「臨地感」の強い表現を、司馬遷は誤解したのです。

どう誤解したかというと、この土地を中国世界の西の果て、中国を中心とする宇宙の果てと考えたのです。太陽や月が没する地、その先は暗闇の世界、と理解した彼は、だから禹本紀はウソを書いてあると判断したのではないでしょうか。

周がもともと西域の入口にいたという有名な話があります。それが匈奴や鮮卑に圧迫されて西安へ亡命してきた。それを殷がＯＫして保護した。そのあと、殷末に周が反乱するわけです。周王朝の成立(2)です。という話です。だからその西域近くにいた時に聞きこんだ話は、そこではリアルな話であり、それを西安で天下統一したあと、ずっとあとの漢になって、西安で生まれて西安で死んだ司馬遷にとって、この話は中国世界のいわゆる西限を示す大局的な話と考えられた。しかも、中国世界の西限は同時に宇宙の西のはしでもあるみたいな、そういうイメージの話と誤解してしまった。だから張騫が西域へ行ってみると、あれはウソでした、そういう話になってしまった。

つまり、司馬遷は、禹本紀の、本来の話の原地域性と歴史性を見失っていて、周以前の王朝の誤った認識を自分が正したかに思い込んでいたのではないでしょうか。これは、大歴史家たる司馬遷に対して、たいへん生意気なのですが、私はそういう判断に達せざるをえなかったのです。

この点に関しては、四百字詰めの原稿用紙で六枚という、私にとってはもっとも短い論文にしたためまして、九月末ごろに出版される論文集(3)に掲載発表する予定です。ちなみに、その論文の題名は「史家司馬遷の誤断を論ず」というものです。

リアルな崑崙山の高さ

この経験が、また新たな研究テーマを生み出す結果となりました。

問題は、先に挙げた史記の大宛列伝にある、

崑崙（山）、其の高さ、二千五百余里。

の表現が、実はリアルな数値ではないか、というものです。

禹本紀のこれまでの記述が、崑崙山の西に住む人々にとってリアルな話だったとすれば、この山の高さの表現もまたリアルであると考えるのは当然といえます。そこで、この里単位が問題となってきます。秦の始皇帝が始め、漢が受け継いだ、いわゆる秦・漢の長里は一里が約四百三十五メートルですが、この長里によると、ヒマラヤの一二〇倍もあるようなべらぼうな高さになってしまう。そんなことを彼らが書くなんて考えられません。次に、周・魏・西晋が採用した、一里が約七十七メートルの短里によればどうか。これもやはり、だめですね。ちなみに、魏志倭人伝はこの短里で書かれています。

長里・短里でもだめだとすると、どう考えればよいのか。私は、西王母《せいおうぼ》の国（これについてはあとに述べます）の「超短里」によっているのではないか、そう考えております。超短里において一里を仮に約七十七センチ（すなわち短里の一〇〇分の一）としますと、二千五百里は一九二五メートルになります。「二千五百余里」だと二〇〇〇メートル以上となります。たいした高さの山ではないとお考えになるかもしれませんが、あの地域は盆地自体の海抜が二、三〇〇〇メートルの高さにありますから、合計すると四、五〇〇〇メートルの山になります。この数値は現実的といえましょう。

こうして見てきますと、私は、行程表記もまたリアルなのではないかと考えるようになってきたのです。これが、さらに新たな課題をもたらしてくれました。

部分を足すと全体になる

私は、一昨年から昨年にかけて、『穆天子伝《ぼくてんしでん》』の分析に没頭し、また論文も書きました(4)。穆天子伝とは、周の時代(5)の第五代の天子であった穆王の業績を記した本で、起居《きこ》注《ちゅう》と呼ばれた、記録官による記録本です。

その中に、穆天子が西王母の国へ巡行を行ない、瑤池という池のそばで歓待を受けたという一節があります。その場所が、この行程表記をもとにすればわかるのではないか、という課題に思いいたったわけです。

原田実さんが書かれた『日本王権と穆王伝説』（批評社刊）に刺激を受けて、穆天子伝の分析を試みることになったわけです。

まずは、穆天子伝の次の箇所をご覧ください。先に記したのが巻一で、後のが巻四です。

戊寅、天子西のかた鶩《ぼく》（地名か）に征き、行きて陽紆の山に至る。河伯《かはく》の無夷（種族名か）の都居する所、是れ惟《おも》うに河宗氏ならん。河宗の伯夭（人名か）、天子を燕然の山に逆《むか》え、労するに束帛を用い璧を加う。（中略）天子、河宗に璧を授く。河宗の伯夭、璧を受け、西のかたに向ひて河に璧を沈《しず》む。再拝稽首し、祝して牛馬豕（＝豚）羊を沈む。河宗〈欠文〉皇天子に命じ、河伯号《さけ》ぶ「帝曰く『穆満《まん》（「満」は穆天子の名）よ、女《なんじ》（＝汝）は当に永く旹（＝時）事を用うるを致すべし』」と。（穆天子）南向して再拝す。河宗又号ぶ。「帝曰く『穆満よ、女《なんじ》に春山《しゅうざん》（太陽が没する所）の瑤《よう》（美しい玉）を示さん。女《なんじ》に詔して昆侖〈欠文〉舎四・平泉七十。乃至《ないし》崑崙の丘に於て、以て春山の瑤を観せしめん』」と。

曰く、宗周の瀍《てん》水より以て西し、河宗の都・陽紆の山に至る、三千有四百里。陽紆の西より西夏氏に至る、二千又五百里。西夏より珠余氏に至り河首に及ぶ、千又五百里。河首の襄山より以て西南し、春《しゅうざん》山の珠澤・昆侖の丘に至る、七百里。春山より以て西し、赤烏氏の春山に至る、三百里。東北、還《また》羣玉の山截・春山以北に至る。羣玉の山より以て西し、西王母の邦に至る、三千里。（脱略）西王母の邦の北より曠原の野・飛鳥の其の羽を解く所に至る、千有九百里。（脱略）宗周、西北の大曠原に至る、一万四千里。乃ち還《また》東南し、復《ふたた》び陽紆に至る、七千里。還《また》周に帰すること三千里。各行兼数、三万有五千里。吉日、甲申、天子宗周の廟に祭る。

その巻四では、穆天子が西域に行き、西王母に歓待を受け、そして帰っていった話に関する行程、つまり方角と里程がすべて記入されています。巻四の終わりのところに、「各行兼数、三万有五千里」、つまり全部の里数をあわせた総里程が書かれています。部分里程を合計すると総里程になる、こんなことあたり前と思われるかもしれませんが、私にとってたいへんうれしかった。といいますのは、私が、『「邪馬台国」はなかった』において、倭人伝を解読するときの金科玉条が、「部分を足すと全体になるべきである、これは古今東西を問わない」というものだったからです。

しかし、理屈はそうであっても、歴史学においては先例を示さないといけない。自然科学の分野の研究者の方は、先例がなくても理屈が合理的であればいいではないかといわれるでしょう。歴史学だけでなく文学の分野でもそうですが、ある解釈については、独断に陥らないため、先例が必要とされる。そういう慣例の中で私も育っているので、「部分を足すと全体になる」先例探しに苦労したのです。結局、『「邪馬台国」はなかった』を書く時は、ドンピシャリの先例を示すことはできなかった。それが、この穆天子伝の中に見つかった。そういうわけで、非常にうれしく思ったわけです。

武彦少言(3)

「西王母」は実在の人物だ。――私がこの心証を得たのは、蘭州にある、甘粛省の博物館に行ったときだった。やたら、大きな彩陶土器が、来る部屋にも、来る部屋にも並んでいる。それも、日本の縄文土器のように、継ぎはぎだらけの「苦心作」じゃない。あれはもう考古学者の「作品」だな、もう。たいへんな労作だ。

ところが、こちらは、継ぎはぎなし。完型品だ。それにスケールがでかい。どんなところにおいてあったのだろう。洞窟なんかかな。今度行ったら、聞いてみたいな。

それはともかく、それらの間に、「玉」があった。これも、堂々たる玉器だ。「ああ、彩陶土器の文明というのは、玉の文明でもあったのか」。こんな、あたりまえのことに、やっと気がつく始末。馬鹿だな、もう。

そのとき、見たんだ。竹簡に漆字の『竹書紀年』。ちょうど、西王母のところが出ていた。周の穆王への答礼訪問も、記されている。「実在だったのか」。その心証を得た。やっぱり秋田孝季の名言通りだ。「歴史は足にて知るべきものなり」。

穆天子伝の史料的性格

ここで、穆天子伝の史料的性格について、述べてみたいと思います。

穆天子伝は、先に申しましたように、周の第五代の天子・穆王の業績を、側近の記録官が書いたものですが、穆王が生きている途中で終わっています。その記録が、どういう経緯で、われわれの目に触れることになったかといいますと、王墓から出てきたのです。詳しく申しますと、西晋の時代の太康二年（二八一）、周の王墓（襄王あるいは安釐《あんり》王の墓）が盗掘された際、膨大な数の竹簡が出てきた。盗掘は夜やるものらしく、泥棒は金目のものを探すために、その竹簡に火を灯して松明《たいまつ》がわりとしたために、あちこち欠けたところがある。泥棒にとっては、竹簡などにはなんの値打ちもないわけです。

ともかく、金目のものが全部盗まれたあと、連絡を受けた西晋朝の役人は、数十車の牛車を使ってもちかえったそうです。

そして、史官などを総動員して解読に着手した。文字は、漆で書かれた篆《てん》書で、たいへんむずかしい文字です(6)。ちなみに、この篆書を略字にしたのが、いわゆる旧漢字なんです。この旧漢字ですら、いまの人にとってはむずかしくなっていますね。

さて、この時代は、三国志の著者・陳寿の同時代ですから、動員された史官の中には当然、陳寿もいたはずです。解読作業にも参加したでしょう。その結果、穆天子伝の内容・記述にも精通したと考えられます。したがって、穆天子伝における「部分里程を足すと総里程となる」という記述方法は、同時に、陳寿が書いた三国志においても生かされているはずだ、そう私は考えたわけです。これは、学問上の大発見だと思っております。

それで、このことを、昨年出版した『九州王朝の歴史学』(駸々堂出版刊／ミネルヴァ書房版、二〇一三)の中の「部分と全体の論理──『穆天子伝』の再発見Ｉ」という論文で書いたのです。ところが、どの学者も知らん顔している。反論すら出てこない。こういう態度はおかしいですね。

中国文明の淵源をさぐる

天子から献上をうけた西王母

穆天子伝には、もう一つ重要な記述が見られます。

それは、巻三の次の一節です。

銅鏡に刻まれた西王母。「西王母」の文字もみえる。

嘉命遷（遷か）らず、我は惟《こ》れ帝。天子大命……。

通常われわれは、天帝というと、どういう顔をしているかわかりませんが、なんだか天上にいるようなイメージしか思い浮かびません。きわめて抽象的なキャラクターなわけですね。ところが、ここでは、天帝が具体的な、しかも人間として書かれております。

さらに興味深いのは、

吉日甲子、天子西王母に賓せらる。乃ち白圭・玄璧を執り、以て西王母に見ゆ。好く錦組百純・⿰缶吾組三百純を獻ず。西王母再拝して之を受く。

の一節です。穆王が西王母に、石や錦を与えるのを、「獻（献）」の字を用いて書いているのです。中国の代々のどの歴史書を見ても、かならず、献上される側が天子です。中国の歴史書の漢字表記の通例は、下の者が上の者に物を贈るのが「獻（献）」、上の者が下の者に物を贈るのが「賜（給）」です。倭人伝においても、そのように書かれています。ですから、ここでは、西王母がご主人、穆王が家来、そういう上下関係として認識されている。こういう書き方は中国の歴史書においては例外中の例外、きわめてめずらしいケースといってよいでしょう。

「いや、これは、後世のでっちあげではないか」と考える方がおられるかもしれません。しかし、中国という国は、皆さんご存じのように、根っからの中華思想のもち主であります。中国こそは世界の中心である、という感覚が何千年来の伝統としてあるわけです。そういう伝統の中からは、逆はありえても、このような話が作り上げられることはありえない。

そういう意味で、史料を読むに際しては先入観にとらわれてはいけない。中国ではすべて天子が中心であるという目で見てはいけない。座標軸・基準軸の転換を受け入れなければならない。(7)私はそう考えました。このことも重要なことですので、先の『九州王朝の歴史学』の「歴史学における根本基準の転換について――『穆天子伝』の再発見Ⅱ」という論文で論究しています。関心のある方は、お読みいただきたく存じます。

西王母の国はどこなのか

さて、こうして穆天子伝に関して二つの論文を書いたのですが、私にとって、もう一つ宿題が残っていたのです。

それが、西王母が穆王を歓待した場所を確かめるという作業です。で、これは原則的には確認できるのではないかと思います。すでに申し上げましたように、西安を出発してからの行路・里程がはっきりと書かれておりますから、これを正確にたどっていけば到達可能なわけです。

それで、今年の三月半ば、その作業に没頭しました。その結果、意外にも簡単に見いだすことができたのです。ここで左の表をご覧ください。この表は、私の『九州王朝の歴史学』に掲げたものです。

この表は、本書三四ページ〈ミネルヴァ書房版、二八ページ〉にある穆天子伝の行路・里程記事をまとめたものです。

①の「宗周の瀍水《てん》」とは西安近くの川ですが、そこを出発し、③の「河首に及ぶ」とは、黄河の上流

穆天子伝　巻四　〈集計及び計算方法〉

	①宗周の瀍水より以て西し、河宗の邦・陽紆の山に至る	3400
	②陽紆の西より西夏氏に至る	2500
	③西夏より珠余氏に至り河首に及ぶ	1500
	④河首の襄山より以て西南し、舂山の珠澤・昆侖の丘に至る	700
	⑤舂山より以て西し、赤烏氏の舂山に至り	300
一文節	⑥東北、還羣玉の山截・舂山以北に至る	〈700〉
一文節	⑦羣玉の山より以て西し、西玉母の邦に至る	3000
	⑧（□）西王母の邦の北より曠原の野・飛鳥の其の羽を解く所に至る	1900
	⑨（□）宗周、西北の大曠原に至る	14000
	⑩乃ち還東南し、復び陽紆に至る	7000
	⑪還周に帰すること	(3000)
	⑫各行兼数	35000

地点のことです。そこまでが、合計七千四百里。そこから七百里行くと、④にあるように「舂山の珠澤・昆侖の丘に至る」わけです。これは、現在のどのあたりにあたるでしょうか。ここで次ページの地図をご覧ください。

この地図でおわかりのように、蘭州あるいは西寧あたりではないでしょうか。そうすると、その西方に、中国最大の塩湖である青海があります。その青海と西寧との間の山間部、ここが昆侖の丘と考えられるのではないか、そういう結論にいたったのです。ちなみに、ここは黄河の最上流地点にあたります。青海より上流は、川の名称が変わるのです(8)。

私が、この結論にまちがいないと確信するにいたったのは、実は、漢書地理志の分析によっているのです。次の

甘粛省・青海省周辺図

記事をご覧ください。

金城郡、昭帝始元六年置、臨羌。西北至塞外、有西王母石室、僊海、鹽池。北則湟水所出、東至允吾入河、西有須抵池、有弱水、昆侖山祠。莽曰鹽羌。

この中で、臨羌とはいまの西寧のことで、西寧の西北に西王母の石室があると書かれています。そこには「僊海・鹽池」という二つの湖があるといっていますが、鹽池が青海です。「湟水」とは、上の地図に青海の東に湟源という地名が見えますが、この側を流れている川のことです。この川が黄河の最上流になるわけです。そして、その先に、昆侖山を祀《まつ》る祠《ほこら》があるというわけです。

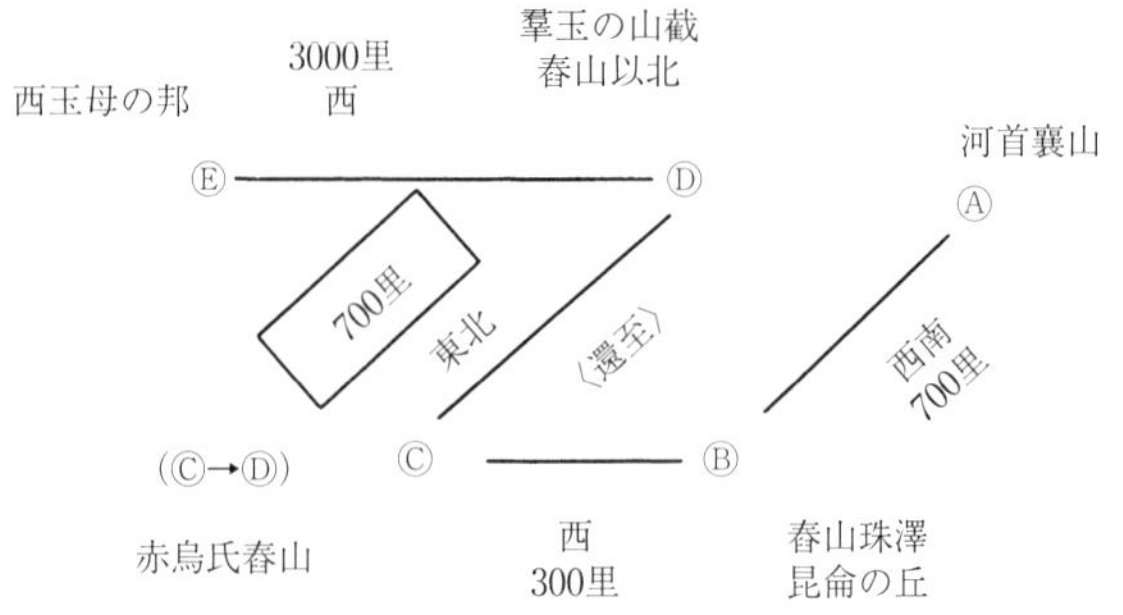

平行読法

漢書地理志はなんのイデオロギー・政治的主張もなく、ただ土地の人によると、そこには西王母の石室や昆侖山祠がある、と書いているのです。これが史料としては、いいわけです。その点、史記のほうが乱暴です。こういうと、史記を書いた大司馬遷に対して申し訳ないのですが、私の尊敬する歴史家ですから、あえて率直にそういわせていただきます。

先ほど私は、禹本紀、および穆天子伝の記事はリアルではないかと申し上げましたが、両書から得たアイディアと、この漢書地理志の即物的な記事とが一致を見たわけです。これが偶然の一致とは思えません。すなわち、西王母が穆天子に会ったのはここ青海の近辺である、こう考えるのが妥当ではないかと思います。

玉ロードの発見

この穆天子伝を解読するにあたり、一番苦労したことがあります。それをご報告させていただきます。それが「平行読法」というもので、以前、青森への往復の夜行列車の中で一生懸命に考えた結果得たのです。ちなみに、この命名をしたのも私自身です。

ここで、上の図をご覧ください。

この中でAの「河首」とは、先に出てきた黄河上流地点です。ここから西南へ七百里行くと、「春山珠《しゅう》澤、昆侖の丘」に着く。そこから西へ三百里のところに「赤烏《せきう》氏の舂山」がある。問題はこのあとで、「東北に還る」と方向は書いてあるが、その里数すなわち距離が記されていなかったのです。ここを、夜行列車の中で考えたというわけです。

それで、このような図を書いてみたのです。平行四辺形においては、相対する一辺は等距離ですから、C→D間はA→B間と等しい。その七百里を足すと、合計三万五千里すなわち、「各行兼数」の総数にピタリ一致する。それで「平行読法」と名づけたわけです。

なぜ、穆王の一行が、こういう平行四辺形の道のりをたどって行ったのか、その時はわかりませんでした。それが、今回判明したのです。

蘭州まで来た一行は、青海へ行き、そこからいったんもとへもどり、次に、地図にある西走廊を通って西へ三千里の地点、玉門へいたった。ですから、ここが三四ページの表の⑦にある「西玉母の邦」になるわけです。注意してご覧ください、ここでは王ではなく玉となっていますね。すなわち、西域との接点にあたる敦煌盆地という一大盆地⑨、ここが「西玉母の邦」の本拠地であったということになります。敦煌盆地の西の端、そこから先は西域に入るという地点に玉門関がありますが、その、西の玉門関と、東の玉門にはさまれた地域が「西玉母の邦」の本拠地であるとも表現できます。したがって、西域は、「西玉母の邦」にとってはバックグラウンドとなります。そこは、玉の一大産地でもあります。

玉門関から東の敦煌までの距離と、玉門関から西の楼蘭までの距離はだいたい同じですから、この楼蘭もバックグラウンドに含まれると思います。

この地域から西方、中央アジアを横断する交通路を、こんにちシルクロードすなわち絹の道と呼んでおります。しかし、この名称は後世にヨーロッパ、いやペルシアなどが中国との交通路としてつけたものにすぎない。それ以前は、実は玉の道あるいは玉ロードであった。この地域は金属器文明以前の、いわゆる玉文明の中心地であった。そのように私は考えるにいたったわけであります。

王権のシンボルとしての玉と斧

玉に関して興味深いことがあります。

中国では、天子の判子《はんこ》を玉璽《ぎょくじ》というように、必ず玉で作られていますね。金の判子ではだめなのです。なぜかというと、天子の起源は金属器文明以前の石器時代にさかのぼるからです。しかも、その判子を授けたのが玉文明の権力者であることを意味しているからです。

玉と王という字は、非常に似ています。点があるかないかの違いですね。私はつい最近知ったのですが、日本将棋の駒には王将と玉将があります。挑戦者が王将で、名人が玉将、つまり王将より玉将のほうが地位が高いそうです。また、玉璧という言葉があります。これは玉で作られた輪で、天子が敵に降服する時はこの玉璧を口にくわえて降服するのです。決して、金の輪を口にして降服する、なんてことはありません。

このように、玉が王権のシンボルであるという伝統に天子は立っているのです。このことは、金属器文明以前の伝統を前提にしないと説明できないわけです。

先に示した地図をご覧ください。西寧の近くに樂都という都市がありますね。ここは、膨大な量の彩《さい》陶土器《とうどき》の出土中心地なのです。私の手元に、中国に留学した日本青年（鳥羽宏幸さん）から送ってもらった樂都の発掘報告書(10)がありますが、それは見事なものです。私自身も、甘粛省の博物館でいささか食傷気味になるほど見た経験があります。

ところで、その博物館を見学していた時、アッと思ったことがあります。「斧鉞《ふえつ》を授く」という言葉を皆さんはご存じでしょうか。日本書紀でしたら、たとえば継体紀二十一年八月の条に、天皇、親《みずか》ら斧鉞を操りて、大連《おおむらじ》に授けて曰はく……

と出ています。天子の位すなわち王位を継承する意味の言葉です。この言葉はもちろん中国にもありますが、中国の天子が自分の子供に斧を渡して王位を授けるなんてことは、あまり絵にならない。ちょっとわれわれのイメージに合わないにもかかわらず、中国の熟語としてはあるのです。ところが、樂都出土の彩陶土器文明の墓には斧を持った被葬者の遺構が出土しているのです。その写真を見た時は本当に驚きました。このことから考えますと、金属器文明以前の石器時代には、斧が権力のシンボルであったといえるのではないか、そう考えています。

やがて「西王母の国」の現地を踏むための研究旅行をしたいと思い立ったのです。たとえば酒泉、そこには西王母と東王公の壁画があります。日中平和観光のガイドの賀建華さんがメモに「東王公」と書かれたのを見て、私はアッと思った。私が以前から長いこと疑問だったのは、東王父と西王母というのがあって、西王母が西域の方だったら、東王父は日本あたりではないか、日本のどこだろうと悩んでいた。ところが最近西王母の問題をやり出してからどうも同じ「西王母の国」の中での話ではないだろうかと、感じはじめていたのです。三月の半ばごろから、これはいまの『穆天子伝』の中で西王母が穆王に会ってから、「われは西土に帰らん」と、西の地へ行こうといっているのです。そこもすでに西だと思うのに、さらに西の地へ行こうなんていっているから、何かそういうこととあわせて、「同じ国」の中に東王父もいたのではないだろうかという気がしたのです。しかし「父と母」というのは、どうなっているのだろうと思っていました。そうしたらこの人は、酒泉というのは敦煌のすぐそば、すぐそばといっても玉門からちょっと西安寄りですから、そこの壁画に東王公となっていた。これならわかるわけです。つまりやはり西王母というのは女王ですから、西王母というのは個人名ではないですよ、前漢の武帝に西王母が会いにいったという話がありますし、だからこの国の女王は代々、西王母なのです。卑弥呼と男弟のような、やはり本当の中心はこの西王母です。ということで、東王父はあの西域の範囲の中での話だった、それを拡大して、洛陽とか西安を原点でみると、西王母が西域のほうにいるとか、日本の「日出ずる所」に東王父がいるとか、そういう話へと拡大されていったと、こういう経緯が判明したのです。

いずれ近い日に、いまお話した「西王母の邦」、玉文明の中心地たる地域を実際に踏破してみたいと思っております。そうすれば、また新しい古代史上の発見があるかもしれません。その時には、また皆さんにその成果をご報告申し上げたいと思います。

武彦少言(4)

「司馬遷は彩陶土器を見たか」

私はこの言葉をくりかえしつつ、西域の砂漠の中を歩いていた。ウルムチへと向かう一筋の道、川は流れ、川は消えた。あっというまに、砂漠の下へと消え去っていったのである。

車の向こう前方に、都市が生まれ、都市が消えた。音に聞く蜃気楼が、かくもたやすく眼前に出現するとは。道路の上に水が流れ、ふっと消えてゆく走り水。それには、もう驚かなくなっていた。

私が驚いているのは、蘭州で見た甘粛省博物館だった。部屋、部屋を満たした、見事な彩陶土器。あれほど巨大な、あれほど完璧な一大彩陶土器群。あれを司馬遷は見たのだろうか。見たはずだ。なぜなら、彼の生まれ、彼の住んでいた西安も、その文明圏の一端にあったからだ。見たなら、なぜ彼は、夏・殷・周以前の一大文明がすでに存在していたこと、その一事を史記にしるしとどめなかったのか。

昼飯のあと、川のほうへ砂漠の砂に足首を埋めながら歩きつつ、そのつぶやきをくりかえした。この問いこそ「史記のイデオロギー」に私の目を開かせる、探究への扉となった。司馬遷の「中華思想」の幻、その限界を見たのである。

注

(1) 私は日本列島各地の「民話伝承」の中には、旧石器・縄文期にさかのぼる「誕生期」をもつものも、少なくないと考えている(別に詳説する)。

(2) 武王が殷の紂王を斃した「革命」による。紀元前一一三四年。

(3) 『古代史徹底論争──「邪馬台国」シンポジウム以後』(駸々堂出版)。

(4) 「部分と全体の論理──『穆天子伝』の再発見Ⅰ」「歴史学における根本基準の転換について──『穆天子伝』の再発見Ⅱ」、いずれも『九州王朝の歴史学』(駸々堂出版)所収。

(5) 周王朝は、前一一三四～前二五六、武王より恵公にいたる三十八代。第五代の穆王は、前一〇〇一～前九四七年。

(6) 竹簡というのは竹片のことで、そこに文字(漆の字)を書くためのもの。紙の発明以前に、よく用いられた(荷札としては、後世まで使用。日本でも)。文字の書かれた竹簡を「竹書」と呼ぶ。『竹書紀年』と呼ばれる書物も、この時、出土。周の代々の歴史を簡潔に記したもの。穆王が西王母を訪問し、会見した記事も含まれていた。

(7) 日本でも、「近畿天皇家中心で、日本の歴史は理解できる」という立場(Tennology テンノロジー)が強調されている（古事記・日本書紀。明治維新以後の教科書ではとくに。さらに現在にいたっている）。

（8）　楚河（青海省積石山周辺）。

（9）　敦煌には、莫高窟をはじめとしておびただしい壁画石窟がある。多くは四世紀以降のものだが、その〝歴史的前提〟として、この「西王母の邦」が実在した。諸石窟仏教文明は、この古代巨大王朝を原点とした上で、考えるべきであろう。

（10）『青海柳湾――楽都柳湾原始社会墓地』（上・下）青海省文物管理処考古队・中国社会科学院考古研究所編輯（文物出版社刊）。

《「邪馬台国」新説と極限読解》

「邪馬台国」＝沖縄本島説について

第Ⅰ部の冒頭にお話したのは、木佐敬久さんの提言でした。いわゆる「木佐提言」によれば、邪馬台国（私のいう邪馬壹国）の所在地は博多湾とその周辺が唯一の解答である、ということでした。またそれは、はからずも私の年来の説と一致するものであったわけです。

さて、現在でもさまざまな「邪馬台国」論が出てきております。つい先日も、ある新聞社から問い合わせがありまして、「邪馬台国」は沖縄本島であるという新しい「邪馬台国」説が出たが、どう思うかとのことでした。著者は琉球大学理学部海洋学科の助教授で木村政昭さん、書名は『南海の邪馬台国』（徳間書店刊）という本です。

実は、その本が出版される前に、その方から、昨年の南東史学会で発表されたお話を記したワープロ原稿が私の手元におくられてきていましたので、内容は知っておりました。その方の説によると、行路の問題において、九州北岸に到達するまではほぼ異論はないようですが、その後「水行十日・陸行一月」とひたすら南に進んでいって、沖縄本島に到達するというものでした。それはそれで興味深い解読とは思うのです。

しかしながら、「邪馬台国」研究の現段階においては、行路解読は前半部分である。魏志倭人伝には行路・里程記事以外の情報、すなわち銅鏡百枚とか相当な量の錦や絹などの記事があります。ですから、「邪馬台国」の所在地を論じるには、考古学的に銅鏡や絹の出土状況をあわせ考えるというのが後半部分なわけです。で、その方によると、最近の沖縄でも、江戸時代の遺跡から鏡が三枚出土しているとのことですが、三枚では最大産出地とはいえませんし、どのような種類の鏡かもわかっていません。これが、宮崎康平さんの『まぼろしの邪馬台国』（昭和四十二年刊）が出版された時期でしたら、非常にロマンに満ちた説として大きな意味があったでしょう。しかし、現在の研究段階においては、邪馬台国＝沖縄本島説はちょっと具合が悪い。ですから、新聞社の方にコメントを求められた時にも、そのように率直に申し上げたわけです。

「邪馬台国」＝伊豆半島南端説について

実は、この説と相対応して、「邪馬台国」＝伊豆半島南端説というのがあるのです。この説は、近畿大学薬学部教授の肥田政彦さんが提示されたものです。

初めて聞かれる方は、びっくりするでしょうね。

昨年（一九九一）八月の「『邪馬台国』徹底論争」シンポジウムを準備していたころですから、六月半ばだったでしょうか、肥田さんから、「伊豆半島南端説に関する私の資料および論文をシンポジウム会場で展示してほしい」とのお電話をいただいたのが、その方を知るようになった最初のきっかけでした。そのシンポジウムは、どのような説の論者であろうと来る者は拒まず、というのが基本的な姿勢でしたから、その時、私は「資料展示はもちろん結構ですが、どうぞ肥田さんご自身もご参加ください」とお応えしました。ところが、そのお電話があってから二、三日後、肥田さんは急逝されたのです。文字通り、遺稿となった、肥田さんの資料・論文は、八月のシンポジウム期間中ずっと展示され、参加者の皆さんの目に触れるところとなったわけです。

そのシンポジウムの討議を基にした論文集を駸々堂出版から刊行しますが(1)、その中に、この方の説の趣旨が遺稿として掲載されています。その本をご覧になればわかりますが、その方の説では、方角に関して南を東に訂正した上で、「水行十日・陸行一月」進むと近畿ではとまらなくなるのです。従来の近畿説は、十日は一日の誤りであるとか、いろいろ原文をいじくりまわしてなんとか近畿へ持っていこうとしていたのです。文科系の研究者は、話のつじつまを合わせるのが非常に上手といわざるをえません。その点、自然科学の研究者は理屈・論理の示すところに従います。肥田さんも同様でして、理屈・論理に従って計算すると、近畿に収まらず伊豆半島南端まで行ってしまったのです。

私は、この方の説を読ませていただいてハッとしました。どの点に驚いたかといいますと、要するに、「邪馬台国の中心地の所在については条件がある、それは墓から鏡が出土しないことである。なぜかといえば、倭人伝には卑弥呼の墓に鏡を埋葬した記事はない。そういう習慣がなかったのだから、墓から鏡が出土したならばそこは邪馬台国ではない」というところです。この指摘はみごとなものです。しかしそのあと、では卑弥呼が賜った銅鏡百枚は墓に埋めずにどこへ行ったのかというあたりから、この方の説は説得力を失っているように私には感じられました。というのも、伊豆半島から鏡が多数出土したという考古学的裏付けはないわけですから。

「極限読解」の意義とは

以上、お二人の説に共通していえるのは、倭人伝を解読するにあたって採った方法が「極限読解」であるという点です。この二つの「極限読解」は非常に大きな意味があります。

一方は南、もう一方は東と、「極限読解」の双璧をなしておられるわけですが、前半部分つまり行路・里程については、「水行十日・陸行一月」に従っている。近畿説論者のように、恣意的な解釈を行なって、むりやり近畿に到達しようとしていない点は評価できると思います。問題は後半です。「水行十日・陸行一月」の結果、一方は沖縄本島、もう一方は伊豆半島南端に到達したわけですが、ではその地において物の裏づけを得ることはできたか。答えは「ノー」です。すなわち、鏡や絹という物との対応において実証性が欠如していたのです。

この、お二人の「極限読解」がわれわれに教えるものはなにかといいますと、「水行十日・陸行一月」を里程へのつぎたしとして使う方法はまちがっている、ということではないでしょうか。そのことを、期せずして両者が手をつないで論証した、と私は考えるのであります。ご当人はまだそう思っておられないかも知れませんが、といいましてもすでにお一人はお亡くなりになっていますが、結論としては、その論証の持つ研究史上の意義は右のように申し上げてもよいのではないでしょうか。

先に申しましたが、やはり自然科学系の研究者による論証は明晰で、われわれ文科系の人間が読んでハッとさせられます。結論として両説はまちがいであったとしても、決してないがしろにはできないわけです。

穆天子伝を「極限読解」で読むと……

さて次に、もう一つの「極限読解」について話を進めてまいりたいと思います。それは、第二の扉で申し上げた『穆天子伝』に関するものです。

穆天子が西王母に会いに行った話を詳しく論じましたが、その行程を長里（一里＝約四百三十五メートル）で解釈した中国の学者がいるのです。名前を顧実といいまして、最近、分厚い本（『穆天子伝西征講疏』）が出ています。その本によりますと、長里に基づいて計算した結果、穆天子が行ったのはヨーロッパである、となっております。(2)

すでに皆さんご存じのように、穆天子伝の「各行兼数」すなわち総里程は三万五千里と書かれています。その数値が往復を示しているとして、半分の一万八千里弱でも長里で測定すると西域など通り越してヨーロッパまで到達することは確かです。それで、その方は、わが周王朝の穆天子ははるか昔にヨーロッパを巡歴されたのである、と冗談ではなくまじめに考えたのです。多分に中国独特のナショナリズムの臭いがしますが、そういう本があります。

結論を申しますと、この考えかたはまちがっていると私は思います。しかし、この壮大なまちがいにはやはり意味があると思うのです。

この穆天子伝の行程を、私は短里（一里＝約七十七メートル）で解読しようとする者ですが、学会の大勢としては「いや、古田のいう短里などは認められない、やはり長里で読むべきだ」という意見の持ち主が依然として多いのです。そうした長里説の人々に対して出された答えが、この中国の学者の結論ではないでしょうか。すなわち、長里によって測定すると、穆天子はヨーロッパへ行ったと。ちょうどその時代はヨーロッパは母権時代(3)でしょうから、そういう時代に穆天子が西王母に会うなんてすばらしい話ではありますが、結論としては、すばらしいまちがいであった、けっして長里で読むべきではなかった、そういわざるをえないのです。

それに対して、倭人伝に採用されている短里で穆天子の行程を読んだところ、いまの蘭州・西寧にいたった、そこには漢書地理志に書かれている西王母の石室があった、これは偶然の一致である。このように主張するのは、かなり強引ではないでしょうか。

つまり、魏・西晋朝を除いて、秦・漢以降から現代まで、だいだいにおいて長里が採用されていますから、穆天子伝は長里にもとづいて書かれていない、ということがこの「極限読解」ではっきりしたわけです。いいかえると、「極限読解」は真実を裏側から証言しているということになるのではないでしょうか。

注

（1）『古代史徹底論争――「邪馬台国」シンポジウム以後』（駸々堂出版）。

（2）モスクワ・ワルシャワ等。

（3）タキトゥスの『ゲルマニア』や『ガリア戦記』が述べている。

第三の扉　「一大国」は倭人が命名した

倭人にも漢字能力があった

「一大国」はだれが名づけたか

ここで、第一の扉の話に関連する話に入りたいと思います。

倭人伝の中に、一大国、一大率という言葉がありました。一大国の記事はすでに紹介しましたので（本書七ページ参照）、ここでは一大率の記事をあげておきます。

女王国より以北には、特に一大率を置き、検察せしむ。諸国之を畏憚す。

この一大率とは、実は一大国の軍隊という意味ではないか、すなわち天孫降臨の軍隊が威嚇しつつ常駐している状態を現わしているのではないか。さらに、倭国の王朝にとっては、この一大率とは自分たちの権力を支えてくれる一大国（壱岐）出身の駐留軍・占領軍であった。このように、私自身、『「邪馬台国」はなかった』を書いた当時にはまったく思いもしなかったテーマに到達したので、ご報告させていただきます。

市民の古代研究会の事務局長をしておられる京都の古賀達也さんが、伊藤正彦さんや内山圭介さんなど東京の会員の皆さんとの間で、神武天皇と一大率との関係をめぐる議論をパソコン通信でやっておられます（いま、飛鷹泰三さんが東京のキイ・マン）。その刺激の中で発見した研究成果なのです。

まず、一大国というのは倭人側の漢字表記である、という問題が出てきます。

以前、『季節』という雑誌の第十二号（昭和六十三年八月十五日発行、エスエル出版会刊）で私の古代史に関する特集を組んでいただいた時、倉田卓次さんと対談したことがあります。倉田さんは、元裁判官をなさっておられた方で、また『裁判官の書斎』『続・裁判官の書斎』『続々・裁判官の書斎』(1)というりっぱな本も書いておられます（勁草書房刊）。そのご本の中で、「邪馬壹国」か「邪馬臺国」かという問題については裁判官の判定の慣例からいって古田説に分がある、といってくださってもいます。その倉田さんが対談の時に、「どうしても古田の説に納得できない」とくい下がってこられた箇所がありました。

私は、「対馬・壱岐とは倭人側のつけた名称で、それに対し中国側がつけた名称が対海国・一大国である。二つの言語が接触する領域では、双方からの地名がつくものである。樺太とサハリン、カスピ海と裏海などがその例である」と発言しました。

それに対して倉田さんは、「それはおかしい。一大国とはワン・グレイト・カントリー、ひとつの大きな国の意味である。そのような意味合いの字面を、あの小さな島に対して中国側が表記することなどとはとうてい考えられない」と異議をはさまれたのです。

武彦少言⑸

「一大国」について、新しい扉へと私を導いてくださったのは、倉田卓次さんだった。一高、東大を出て、高裁の裁判官になった。同時に、民法上の理論構築の論文も、次々と出された。なみなみならぬ力量の方だ。

そのうえ、無類の読書家。私の本を読み、土井晩翠の詩の引用のあやまり（詞句）に気づき、お手紙を下さった。確か、佐賀市の高裁の所長をしておられた時か。所長室で、青年時代から愛唱の晩翠の詩を口ずさんでみて、詞句を確認されたという。――脱帽。

お会いして、対談したとき、私が『「邪馬台国」はなかった』で、「大国」を中国人側の用語と考えたのに対し、「中国人があれくらいの島に対し、〝一つの大きな国〟などと表現するはずがない」と、くい下がられた。正解だった。

これが、問題の、いっそう奥深い扉へと私を導く、重要な契機となったのだ。――ここでも、脱帽。もつべきものは、知己なるかな。

倭人の母国・一大国

この時の私は、地名というものは理屈では割り切れないものだ、という原則論で対応したのですが、倉田さんは納得されずに非常に鋭い論法でくい下がってこられました。このことが、私に大きな印象として残っていたのです。

今回あらためて考えてみると、どうも私のほうがまちがっていたのではないかと気がついた次第です。一大国とは壱岐で、その古名は古事記にある「伊伎島《いきのしま》」またの名を「天比登都柱《あまのひとつばしら》」と書かれています。

それらに共通するのが「いち」の語ですが、それが偶然の一致ではないらしいことは、だれの頭にもよぎることとでしょう。

そこで結論を先に申し上げます。まず、天孫降臨の起点は宗教的には対馬ですが、実際には彼らの生活領域としては壱岐である。そこは天比登都柱という名称で呼ばれている。一大国の一はその名称から採ってつけられたのだろう。

次に、大国というのはいわゆる母国の意味ではないか。そのことに関しては、昨年出版した『九州王朝の歴史学』(駸々堂出版刊)の中に「新唐書日本伝の史料批判——旧唐書との対照」という論文を書いております。この論文において、小国とは分国、大国とは母国の意味で使われているとの分析を、実例を挙げて行ないました。

たとえば、新唐書日本伝に、

或は云う、日本は旧《もと》小国、倭国の地を併せたり。

という記事があります。これは倭国と日本国との関係を表わしたもので、日本国はもと小国だったといっているのは、必ずしも「面積が小さい」という意味ではないのです。ここでは、日本国は倭国から分派した国であることをいっているのです。また、大国も必ずしも面積の大きな国の意味ではありません。したがって、一大国の表記は、倭人がわれわれの母国であるという意味で自らつけたものではないかと考えられます。

たしかに、中国のような大きな国から来た人々が、壱岐のような小さな島を一大国、ワン・グレイ

ト・カントリーというはずがない、との倉田さんの批判は、やはり正しかったという結論に達したわけです。(2)

倭人は漢字を使っていた

それに関連して出てくるのが、対海国です。

これが対馬であることは明らかですが、対馬には上県郡《かみあがた》と下県郡《しもあがた》がある。そのどちらが対海国かということについていえば、私は下県郡にあたるだろうと考えていました。なぜかといえば、その島の規模を表わす記事に「方四百余里ばかり」とあり、全体の数値としては不適当だから下県郡のことだろうと、『「邪馬台国」はなかった』の中で論じたわけです。ところが、これも倉田さんの批判により、今回、影響を受けることとなりました。

一大国が倭人側の漢字表記であるならば、対海国もまた倭人側の漢字表記と考えなければなりません。ふたつの国が近くにあるのに、一方のみ中国側がつけたというのはおかしいわけですから。そうすると、なぜ倭人がここを対海国と呼んだか、という問題が出てきます。私は、次のように考えました。

現在、対馬の上島と下島との間に浅茅《あそう》湾という瀬戸があり、その北岸に和多都美神社(3)があり、その西北の峰町には𣴎神《かいしん》の宮という変わった字を用いる神社が祀られています(4)。𣴎とは海の古い字でありまして、われわれの教養よりもっと古い時代の漢字教養が伝えられているのです。

ちなみに、この点に関して話し出すと長くなりますが、ひと言だけ言及しておきます。伊都神社というのがありますが、これもなぜか倭人伝に出てくる伊都という字を書く。ところが、村の名前ではこの字を使いません。「怡土」です。このことも、先の論証でいえば、倭人側がつけた漢字表記ではないか、ということになってきます。

さて、𣴎神の宮ですが、この海神が支配する海とはいったいどこだろう、と考えました。そして、そ

和多都美神社（長崎県・対馬。口絵参照）

れはこの浅茅湾、あるいは浅茅湾を中心にする概念としての海ではなかろうかと思ったのです。さらに、「方四百余里ばかり」と倭人伝に書かれた対海国とは、この浅茅湾を含む領域ではないか、との認識に到達したわけであります。

この考えがよい点は、湾というものは半分だけ支配しても意味がない。湾の両側を支配して初めて実体をもった支配が可能となるのです。この仮説も、対海国という名称が倭人側のつけた漢字表記とすると理解しやすくなります。

ここまで来ればおわかりのように、いま申し上げているのは、「三世紀の倭人は漢字を使っていた」ということであります。あたり前といえばあたり前ですが、たいへん重大な問題であります。

魏の天子から詔勅が送られてきましたが、その詔勅は長文でたいへんむずかしい漢字で書かれていました。しかし、倭人側では当然それを読んだわけです。また卑弥呼もお礼の国書を送っています。すなわち、倭人には漢字を読みまた書く能力があった。そういう能力がありながら、自分たちの地名や国名を漢字表現しなかった、とは考えられません。この点、なぜかこれまで論じられることがなかったので、あえてこの機会に申し上げた次第です。

注

（1）この『続々・裁判官の書斎』に、私との対談が収録されている。
（2）倉田さんは、裁判における「証明責任」に関する論文をいくつか書いておられる、その方面の専門家である。『民事実務と証明論』（日本評論社刊）は、その学問的業績の一。
（3）〈祭神〉彦火々出見尊・豊玉姫命。長崎県下県郡豊玉村仁位字和宮（旧村社）。浅茅湾の北岸部。
（4）〈祭神〉豊玉姫命。長崎県上県郡峰村木坂（「海神」は〝わだつみ〟。旧国幣中社。一宮様）。対馬の西岸部。

《常世の国はあった――タジマモリとバナナ／浦島太郎伝説》

バナナを知らなかった近畿天皇家

ここで、古事記・日本書紀の中に出てくるタチバナの問題を考えてみたいと思います。

また天皇、三宅連《みやけのむらじ》等の祖、名は多遅摩毛理《たぢまもり》を常世《とこよ》の国に遣はして、非時《ときじく》の香《かく》の木実《このみ》を求めしめたまひき。故、多遅摩毛理。遂にその国に到りて、その木実を採りて縵八縵《かげやかげ》、矛八矛《ほこやほこ》を将《も》ち来たりし間に、天皇既に崩《かむあが》りましき。ここに多遅摩毛理、縵四縵《かげよかげ》、矛四矛《ほこよほこ》を分けて、大后に献《たてまつ》り、縵四縵、矛四矛を天皇の御陵の戸に献り置きて、その木実を擎《ささ》げて、叫《さけ》び哭《な》きて白ししく、「常世《の》国の非時の香の木実を持ちて参上りて侍《さもら》ふ」とまをして、遂に叫び哭きて死にき。その非時の香の木実は、これ今の橘なり。この天皇の御年、一百五十三歳《ももあまりいそぢまりみとせ》。御陵は菅原《すがはら》の御立野《みたちの》の中にあり。またその大后比婆須比売《の》命の時、石祝作《いしまつくり》を定め、また土師部《はにしべ》を定めたまひき。この后は、狭木《さき》の寺間《てらま》の陵《はか》に葬《はふ》りまつりき。

（古事記）

九十年の春二月の庚子の朔《ついたち》に、天皇、田道間守《たぢまもり》に命《みことおほ》せて、常世国《とこよのくに》に遣《つかは》して、非時《ときじく》の香菓《かくのみ》を求《もと》めしむ。香菓、此《これ》をば箇倶能未《かくのみ》と云《い》ふ。今橘《たちばな》と謂《い》ふは是《これ》なり。

明年《くるつとし》の春三月の辛未の朔壬午（十二日）に、田道間守、常世国より至《かへりいた》れり。則《すなは》ち齎《もてまうでいた》る物は、非時の香菓、八竿八縵《やほこやかげ》なり。田道間守、是に、泣《いさ》ち悲歎《なげ》きて曰《まう》さく、「命《おほみこと》を天朝《みかど》に受《うけたまは》りて、遠くより絶域《はるかなるくに》に往《まか》る。萬里《とほく》浪《なみ》を踏《ほ》みて、遥《はるか》に弱水《よわみづ》を渡る。是の常世国は、神仙《ひじり》の秘区《かくれたるくに》、俗《ただひと》の臻《いた》らむ所に非《あら》ず。是を以《も》て、往来《ゆきかよ》ふ間に、自《おの》づからに十年《ととせ》に経《な》りぬ。豈期《あにおも》ひきや、独峻《ひとりたか》き瀾《なみ》を淩《しの》ぎて、更本土《またもとのくに》に向《まうでこ》むといふことを。然《しか》るに聖《ひじり》の帝《みかど》の神霊《みたまのふゆ》に頼りて、僅《わづか》に還《かへ》り来《まうく》ること得たり。今天皇《すめらみこと》既に崩《かむあが》りましぬ。復命《かへりことまう》すこと得ず。臣《やつかれ》生《い》けりと雖《いふと》も、亦《また》何の益《しるし》かあらむ」とまうす。乃《すなは》ち天皇の陵《みささぎ》に向《まゐ》りて、叫《おち》び哭《な》きて自ら死《まか》れり。群臣《まへつきみ》聞きて皆涙を流す。田道間守は、是三宅連《みやけのむらじ》の始祖《はじめのおや》なり。（日本書紀）

われわれは通常、多遅摩毛理《たぢまもり》（古事記。日本書紀では田道間守）が橘を採りに行った、と解釈していますす。ところが、西江雄児《ゆうじ》さん(1)のアイディアによりますと、どうもそうではないのではないか。なぜなら、倭人伝には、倭国には「橘」があると明記されているからです。これに対し、記、紀にいう「非時の香の木の実」橘とは、実はバナナではないか、ということです。しかも原種バナナの二種類が「縵八縵、矛八矛」として、見事に表現されているのではなかろうか、ということになるのです。

こういうことではないでしょうか。元来、原史料にはバナナを採りにいった話として書かれていた。七、八世紀の近畿にはバナナはなかった。当時の近畿天皇家の史官たちはバナナのことを知らなかったので、「非時の香の木の実」を橘のことであろうと「同定」を行ない、古事記および日本書紀に書き足した。すなわち、古事記・日本書紀は大ポカをやってしまった、と。

しかし、結果的には、これはすばらしい大ポカであったといってよいでしょう。なぜなら、古事記・日本書紀は六世紀以降の天皇家の史官によるでっち上げである、という津田左右吉の仮説(2)が正しくなかったことを示しているからです。とりわけ、二種類の「非時の香の木の実」の描写も正確に指摘している点などから判断しても、たんなる作り話ではなく、四世紀の垂仁天皇のころの伝承ではないかと思います。

それに関連して、もう一つおもしろい話があります。

「常世の国」は赤道地域にあった

多遅摩毛理はバナナを求めて「常世の国」に行ったわけですが、この「常世の国」とはいったいどこなのか。実は、去年の九月ごろから十月初めにかけて、私が熱中してしまったのがこのテーマなんです。世界地図を広げながら格闘した末に出た結論は、「常世の国」とは赤道周辺の人間の住む島や大陸である、というものでした。したがって、マレー半島やインドネシア、インドも入るし、さらには南米やオーストラリア大陸も入る、非常に広大な赤道付近の領域となります。これらの地域は日本と異なり四季の季節がなく、常夏で、しかも原種バナナが一年じゅうはえている、と事典類にも書かれております。

なぜ、この結論に達したかといいますと、まず、日本の古典には「常世の国」のことがしばしば登場しています。たとえば古事記では、大国主神が出雲国の経営の基礎固めを終えたあと、協力者の一人である少名毘古那神は「常世の国」へ渡っていった、とあります。少名毘古那神の場合は、そこから帰ってきた話は書かれていません。それに対し、丹後風土記では、雄略天皇の時代に「水江の浦の嶼子」という人物が常世の国に渡っていき、しかも帰ってきた話が書かれています。

多遅摩毛理は四世紀の垂仁天皇の時代、水江の浦の嶼子は五世紀の雄略天皇の時代、出発地は出雲だったり丹後だったりと、時間帯や地域がことなってはいるものの、到達地点はいずれも「常世の国」となっている点に注目していただきたい。もしも「常世の国」を一地域に限定すると、これはおかしな話になります。

古来、日本人は、日本列島の北側に朝鮮半島があり、さらに中国あるいはシベリアがあることを知っていた。と同時に、反対に南には広大な海洋が広がっており、その海を南へ南へ行けば、だんだん暖かくなり四季のない領域にいたることを知っていた。そこには岸辺があり、暖かくて人間が快適に住めるところであることも知っていた。そして、そこを「常世の国」と総称したのではなかろうかと考えたわけです。

リアリティを感じさせる乙姫様の話

もっとも、そうした地域は全体としては「常世の国」ではあっても、多遅摩毛理が行った「常世の国」は一領域、水江の浦の嶼子が行った「常世の国」も一領域であって、両者が同じ地点に行ったというわけではありません。多遅摩毛理が行った「常世の国」を推定するには、二種類の原種バナナが参考資料になります。古事記には、「縵四縵、矛四矛」、すなわち、しだれ柳のように実るバナナと天に向かって実が実る一本立ちのバナナ、この二種類が書かれています。前者は私たちがよく見る種類で、後者はあまり目にすることはないようです。ちなみに、私が勤務する昭和薬科大学の中村卓造さん(3)は、マレー半島でこのバナナを見たそうです。ともあれ、この両方のバナナが繁殖している地域はかなり限定できるのではないでしょうか。

一方、水江の浦の嶼子の場合は、もっとはっきりしており、なおかつおもしろいといってよいでしょう。まず、カメの背中に乗せられて行ったことになっています。たしかにカメは日本列島にやって来ます。そして、浜辺に卵を産んでは帰っていく。そういう光景を目にすれば、子供のみならず大人であっても、そのカメはどこに帰っていくのだろう、カメの故郷を知りたいと思うのも当然でしょう。だれでも、人間の本領である好奇心を持つはずです。中には、本当に行ってみる人が出てきても不思議ではない。船があれば可能ですから。ということで、日本列島にやって来るカメの故郷をさかのぼれば、「常世の国」がわかるはずです。カメは青森県の海岸や東京湾に産卵しに来ないようですから、だいたい地域が特定できるのではないでしょうか。これが第一点。

もう一つおもしろいのは、乙姫様がいたということです。丹後風土記では「女娘」と書かれていますね。この乙姫様などは、日本人にとってはおとぎ話中のおとぎ話、非歴史事実中の非歴史事実のように考えられています。ところが、乙姫様こそは参考資料として非常に重要なポイントたりうるのです。

なぜかというと、雄略天皇は男王でしたが、雄略天皇が治世した五世紀の時代に、太平洋上には女王が統治していた国・地域が存在していた、ということを物語っているからです。その証拠に、ハワイがアメリカに占拠される直前の王様は女王だったという有名な史実があります。歴代の王様がすべて女王であったとはいえないにしても、十九世紀になっても女王がいたのですから五世紀段階に女王がいたというのは十分考えられます。ということで、乙姫様の話にはリアリティがあるのではないか、という問題があります。

武彦少言(6)

『「邪馬台国」はなかった』を書いたとき、一つの悩みがあった。「裸国・黒歯国」の件だ。この両国の話を倭人が語り、中国人が記録した。

では、日本列島内の伝承中に、その話は伝わっていないか。この疑問だった。答が出ないまま、保留課題となっていた。

それが解けた。少なくとも、その糸口が見つかった。それが、この「常世国」の問題だ。はじめ、ハワイか、インドネシアか、オーストラリアか、それとも南米か、と迷ったけれど、結局、最後の答は「赤道近辺の島々や大陸の総称」だった。

とすれば、倭人が語ったのは「常世国」に関する情報だった。その中で、中国人は彼らにもっとも関心の深かった「東のはしの領域」についてだけ、記録したのであった。

ああ、惜しい。張政のノートが見たかったな。もっと、もっと、採集されていたかもしれないのになあ。ああ、そうだ。「海賦」〈かいふ〉（『文選〈もんぜん〉』所収）があったっけ。あれだよ（古田『邪馬壹国の論理』〈朝日新聞社／ミネルヴァ書房、二〇一〇〉参照）。

倭人は二倍年暦を使っていた

さらにおもしろい問題があります。少し長くなりますが、丹後風土記の「浦島子」の記事をここで記しておきます。

丹後国風土記に曰はく、与謝の郡、日置《ひおき》の里、この里に筒川の村あり。ここの人夫《たみ》日下部《くさかべ》首等《おびとら》が先祖は、名を筒川《つつかは》の嶼子《しまこ》といひき。人となり姿容秀美《かたちうるは》しく風流《みやび》なること類《たぐひ》なかりき。こはいはゆる水江《みづのえ》の浦《うら》の嶼子《しまこ》といふ者なり。これ旧宰《もとのみこともち》伊預部馬養連《いよべのうまかひのむらじ》が記せるに相乖《あひそむ》くことなし。故《かれ》、略《およ》そ所《ゆ》由之旨《ゑよし》を陳べむ。長谷《はつせ》の朝倉《あさくら》の宮に天の下知らしめしし天皇の御世、嶼子独《ひと》り小船に乗りて、海中に汎び出で、釣すること三日三夜を経て、一の魚だに得ず、すなわち五色の亀を得たり。心に奇異《あや》しと思ひて船の中に置きて、やがて寝《い》ねつるに、忽ちに婦人《をとめ》と為りき。その容美麗《かたちうるは》しく、更比《またたと》ふべきものなかりき。（中略）ここに、郷人《さとびと》に問ひしく、「水江の浦の嶼子が家の人は、今、何処にか在る」といひき。郷人答へけらく、「君は何処の人なれば、旧遠《むかし》の人を間ふぞ。吾、古老達《おきなたち》の相伝《つたへ》を聞くに、先の世に水江の浦の嶼子といふものあり。独り蒼海《うみ》に遊びて復還《また》り来たらず。今にして三百余歳を経つといへり。何ぞ忽ちにこれを問へる」といひき。すなはち棄《う》てし心を啣《ふく》みて郷里を回《めぐ》りしかども、一《ひとり》の親しきものにも会はず、はやく旬月を過《すご》しき。すなはち玉匣を撫でて神女を感思《した》ひき。ここに嶼子、前《さき》の日の期《ちぎり》を忘れて忽ちに玉匣を開きつ。未胆之間《たちまちのあひだ》に芳《かぐは》しき蘭のごとき体《かたち》、風と雲とに率ひて蒼天《あをぞら》に翩《ひるがへ》り飛びき。嶼子、すなはち期要《ちぎり》に乖違《そむ》きて、還りても復会ひ難きことを知り、首を回《めぐ》らして踟蹰《たたず》まひ、涙に咽びて徘徊《たもとほ》りき。ここに涙を拭ひて歌ひしく、

常世辺《とこよべ》に　雲立ち渡る　水の江の　浦島の子が　言《こと》持ち渡る（下略）

この中に、「今にして三百余歳を経つといへり」とあります。つまり、「仙都に遊ぶこと既に三歳を経たり」と思って帰ってきたら、なんと三百年も経過していたというわけです。三百年なんていかにもウソっぽいと思われるかもしれませんが、これは意外とリアリティがあるのではないでしょうか。たとえば、倭人伝には、

其の人寿考、或は百年、或は八、九十年。……

という記事があります。倭人は長生きで、八十歳・九十歳、あるいは百歳まで生きると書かれています。そう書いたのは陳寿ですが、これは彼のミスです。実際は、倭人の寿命はその半分の四十五歳くらいであったと考えられているからです(4)。

倭人伝が収録されている三国志とほぼ同時代にできた書物に、「魏略」というのがあります。その魏

略の中に、

倭人はわれわれ中国人の使う正歳四節を知らない、中国の陰暦を知らない。倭人は倭人独自の暦をもっている。それは、春耕秋収それぞれに年紀を改めている。

という意味のことが書かれております。ということは、一年に二回、正月があることになる。現在の暦は太陽暦でも太陰暦でも、一年は三六五日ですが、倭人の暦では三六五日経つと、すなわち現在の一年経つと二歳を数えることになるわけです。そうすると、九十歳ということは、現在の暦で換算すると四十五歳になります。この数字は、弥生時代の人骨調査の結果とほぼ一致してきます。これをいいかえると、倭人は二倍年暦を使っていたということになります。現行の一年を二年として計算する暦法だったわけです。

ちなみに、古事記や日本書紀に登場する天皇の寿命は同じく九十歳平均になっています。この寿命は大ウソであると、多くの歴史家、私のいう「定説派」は見なしております。しかし、私はリアルな表記、しかも古代伝承にしたがった記載であると考えています。とても六世紀以後の天皇家の史官がでっち上げられるような年齢ではない。これを発展させていくと、重大な意味をもつことになります。

聖書の世界に見る二十四倍暦

この暦法に関して興味深いのが、バイブルです。

バイブルをひらきますと、創世記[5]の冒頭にアダムの系図が出てきます。そこに、アダム九百三十三歳、セト九百十二歳、エノシュ九百五歳、ケナン九百十歳、そしてノア九百五十歳というふうに、千歳未満の寿命がずらっと載っています。

これこそ大ウソといいたいところですが、私は大ウソではないと思います。なぜかというと、ズバリこれは二十四倍暦ではないか、と考えるからです。二十四倍暦とは何かといいますと、一年は十二カ月ですが、各月には満ち潮と引き潮があります。満ち潮で一歳、引き潮で一歳と勘定すると、ひと月で二歳、一年で二十四歳となります。通常は一年で一歳ですから、その二十四倍になる暦法のことを二十四倍暦と名づけます。

この二十四倍暦で計算すると、千歳は四十歳ちょっとの年齢になります。創世記の世界は紀元前二千年、日本でいえば縄文中期末か後期初頭あたりになります。弥生時代の日本人の寿命が四十五歳くらいですから、この四十歳ちょっとは意外とリアルな数値といってよいでしょう。実際に月を毎晩ながめていると、いったんまん丸くなった月が欠けていって、やがて見えなくなる。これほど、時の運行を明確に画するものはありません。満ち潮と引き潮も考えずに、いきなりひと月という考えのほうがかえって不自然です。そうすると、満月と新月、満ち潮と引き潮、それをもとに歳を計算するのはきわめて自然であるといえるのではないでしょうか。

われわれの太陽暦というのは、人為的に便利よく作られた観念の産物であるのに対して、この二十四倍暦は、自然の状態・法則にのっとったものと私は思いますが、いかがでしょうか。しかも、もう一歩踏み込んで申し上げれば、バイブルのこの年齢記述は、二十四倍暦文明の所産である、そのように考えるのです。

暦法に秘められた文明の習合

創世記をさらに読み進んで、ノアの子セムの家系になると、寿命数値の様相が一変します。

セムの五百歳を除くと、アルパクシャド四百三十八歳、シェラ四百三十三歳、エベル四百六十四歳と、五百歳未満が並んでくるのです。これは、明らかに文明の違いを表わしています。バイブルとしてはつながっているように書かれていますが、別の文明の資料をつぎたしているのです。この点、手直しをしていないという意味で、私から見ますと非常に値打ちがあるといえます。で、この五百歳未満の寿命表記は、皆さんもお気づきのように十二倍年暦が使われています。十二倍年暦ですと、五百歳は四十歳ちょっとになりますから、実際の寿命に近くなります。

このほか、バイブルには二倍暦で書かれたと思われる寿命表記も出てきます。

こういう話をするとおもしろくてキリがないのですが、もうひと言申し添えます。暦法にはいろいろ種類がありますが、一人の人間が複数の暦法、たとえば結婚する時は何倍暦、死ぬ時は何倍暦と異なった暦法を使ったという形跡もあるのです。これは一見不思議なようですが、よく考えると別に不思議でもなんでもありません。

もっとも身近な例が、私たち日本人の習慣にあります。われわれはだいたい結婚式は神式が多いようですが、お葬式は仏式であげますね。これは、神道という文明に仏教文明が入って来て両者が同居している状態、すなわち習合した証明なのです。この習合という現象は、日本のみならず地球上どこの地域においても一般的に起きています。

ヨーロッパのキリスト教自身が、その習合の産物です。たとえば、聖母マリアはユダヤのイエスの時代にはなかったものです。もちろんイエスのお母さんはいましたが、万能の母たるマリアはおらず、バイブルにも登場しておりません。トルコからヨーロッパに広がる多神教の世界では当然ながら、全知全能たる女神が信仰の対象でした。それにキリスト教がおおいかぶさり、その女神を原型にして、イエスのお母さんが聖母マリアに仕立てあげられたわけです。ですから、ヨーロッパのキリスト教こそ見事なまでの習合の産物、といってよいでしょう。よく、キリスト教は宗教体系としてスッキリしているのに対して日本の宗教は見ておれない、これは日本人に真の宗教心がない証拠だ、などという人がいます。これはとんでもないまちがい、大まちがいで、ヨーロッパのキリスト教をよく観察していないからそう思ってしまうのです(6)。

ですから、たとえば二十四倍暦の文明と十二倍暦の文明があり、一方の文明がもう一方の文明を征服したとします。すると、征服された側は両方を混用することになるのです。

日本でも、西暦と天皇年号の併用をしており、役所に出す書類は西暦ではなく天皇年号で書いてください といわれたりしますね。ところが、諸外国との間の文書は天皇年号だけでは困るから西暦で書くなどと、異なる暦法を使い分けています。これは、もともと天皇年号のある文明に西暦文明が、「占領」などの圧倒的な影響力を及ぼした事実の痕跡なわけです。

浦島太郎は六倍年暦で書かれていた

このように、暦法にはいろんな種類があり、ときには異なる暦法が混用・併用されるということがおわかりいただけたと思います。そこで、もう一度、丹後風土記の話にもどります。

その中で、水江の浦の嶼子《しまこ》、すなわち浦島太郎が常世の国に滞在していた期間が三百年とありました。ではいったい、この三百年はどのような暦法に基づいているのでしょうか。

わたしの仮説では、それは六倍年暦ではないかと思います。六倍年暦であるとすると、実質は五十年となり、ちょうどよい具合になります。なにがよいかといいますと、水江の浦の嶼子が帰ってきたら白髪になっていたというくだりがあります。かりに、二十歳前後の時に出発したとすると、五十年後は七十歳前後、白髪になってもおかしくない年齢だからです。さらに重要なヒントになるのが、水江の浦の嶼子が帰ってきた時、自分のことを知っている人がだれもいなかった、とされていることです。この時期は古墳時代、雄略天皇の時代です。この時代の平均寿命は四十五歳前後ですから、五十年たつと、出発したころに生きていた人はたいてい死んでしまっています。

このようなことから、六倍年暦が使われていると考えると話が非常に理解しやすいわけです。

では六倍年暦とは何か。月に大の月、小の月というのがあり、ひと月は一様に三十日ではありませんね。それを男月、女月といっておきます。これは私の仮説ですが、男月と女月で一歳と数えると、一年で六歳になりますが、このような暦法ではなかったか、ということです。

はじめに多倍年暦ありき

バイブルの二十四倍暦から浦島太郎の六倍暦、さらに倭人の二倍暦まで、暦にはいろんな種類が存在しますが、こういうものを全部まとめて私は多倍年暦と名づけております(7)。人類には文明の数だけ暦があった。ひとつの文明の下で暦が共通していなければ、絶対的な時間基準が存在していなければ、「何月何日にお会いしましょう」といってもお話にならない。文明を規定する最低条件のひとつが、一定の暦を共有している、ということではないでしょうか。ですから、文明の数だけ公認の暦があった。これがまず第一段階です。

第二段階は、ある文明が他の文明を征服した場合、AとBの混合形、あるいはCとDとEの混合形となる。勝ち抜き戦ではないですが、最終的に残ったのが太陽暦、太陰暦なのです。

われわれはそういう世界で生まれて生活しておりますから、これがあたり前のように思い込んでしまっている。したがって、異なる体系の暦法をいかがわしいものと見てしまうのです。事実、学者の中にも、二十四倍暦や二倍暦などは古田が勝手にこしらえたものだ、という反応を示す人もいます。

しかし、私は、この多倍年暦には道理があると考えています。そして、浦島太郎の世界が六倍年暦とすると、乙姫様の国すなわち「常世の国」とは、五世紀ごろ、赤道周辺で、女王が統治し、六倍年暦の文明を有し、かつカメが行って帰ってこれる、という条件を満たすところと限定されてきます。このように明確に条件がそろいますと、将来、この「常世の国」はここだったとわかる日がやってくるかもしれません。

現在のところ、残念ながらわれわれは、インドネシアやマレー半島、あるいはハワイ諸島の古代史を知りません。欧米人がこのことに興味を持たないのは仕方がありません。しかし、海の中の島に暮らすわれわれ日本人が興味を持たないというのは、たいへん恥ずかしいことだと思います。当然、われわれの探究すべき課題としてそこにある、そのように考えております(8)。

注

(1) 埼玉県大宮市（市民の古代研究会、関東所属）。
(2) 敗戦後は、この津田説が「定説」視されてきた（教科書も、ほぼこの立場に従っている）。
(3) 生物学教授。東南アジア一帯へのフィールド・ワーカーとして、ベテランの専門的研究者である。
(4) 鈴木尚『日本人の骨』（岩波新書）参照。
(5) 『旧約聖書、創世記』（関根正雄訳、岩波文庫）。
(6) アイルランドでは、ケルトの民族信仰のシンボル物（かぶとがに型の紋章など）と十字架との「ミックス型」の形のデザインで墓が作られている。
(7) 世界各地の古代文明の中に、このような「多倍年暦」の痕跡が存在していると思われる。
(8) 水野孝夫さん（古田史学の会）は、この問題と「浦島太郎伝説」との関連に早くから注意されていた。

Ⅱ　《九州王朝》の扉をひらく

第四の扉　郭務悰と阿倍仲麻呂の証言

旧唐書の「倭国伝」と「日本国伝」

まず、私の唱える「九州王朝論」を支える重要な論証の一つを述べたいと考えております。

白村江の戦いの相手は倭国だった

九州王朝論の基礎をなす史料のひとつに、旧唐書《くとうじょ》という書物があります。旧唐書は、中国の唐の時代の正書、歴史書で、唐が終わってまもなく作られたものです（唐の滅亡は九〇七年）。詳しく申しますと、後晋の劉昫の撰になるもので、天福六年（九四一）に編纂が開始され、開運二年（九四五）に完成しています。内容は、もちろん唐王朝の資料に基づいて書かれています。

この歴史書の不思議なところは、その東夷伝において、高麗・百済・新羅・倭国・日本と五つの国に分けている点です。つまり、倭国と日本国が別の国として認識され、記述されているのです。どういうふうに分けているかというと、時期によって分けられているのです。ここで、倭国伝と日本国伝に関する資料をご覧ください。

倭国は、古《いにしえ》の倭奴国なり。京師を去る、一万四千里、新羅の東南大海の中に在り。山島に依りて居す。東西五月行、南北三月行。世と中国と通ず。（中略）貞観五年（六三一、舒明三年）使を遣わして方物を献ず。太宗、其の道の遠きを矜《あわ》れみ、所司に勅して歳貢せしむること無し。又新州の刺史・高表仁を遣わして節を持して往きて之を撫す。表仁、綏遠の才無く、王子と礼を争ひて朝命を宣せずして還る。二十二年に至る。又新羅に附して表を奉ず。以て起居を通ず。（倭国伝）

日本国は倭国の別種なり。其の国、日辺に在るを以て、故に日本を以て名と為す。或は曰く、倭国自ら其の名の雅ならざるを悪《にく》み、改めて日本と為す。或は云う。日本は旧小国、倭国の地を併《あわ》す。其の人入朝する者、多く自ら矜大、実を以て対《こた》えず、故に中国これを疑う。又云う、其の因界。東西南北各数千里、西界・南界、咸《みな》大海に至る。東界・北界、大山有りて限りと為す。山外は即ち毛人の国。長安三年（七〇三、文武天皇、大宝三年）其の大臣、朝臣・真人、来りて方物を貢す。朝臣・真人は、猶《なお》中国の戸部尚書のごとし。（日本国伝）

これでわかりますように、七世紀段階は倭国です。倭国伝の終わりの部分に「至二十二年」とありますが、これは西暦六四八年で、わが国では孝徳天皇の時代、大化四年にあたります。

倭国伝には書かれていませんが、この時期の重大事件は、六六二年、唐・新羅の連合軍とわが国が朝鮮半島南部において戦った白村江《はくすきのえ》の戦いです。(1) 白村江の戦いは、もちろん百済伝・新羅伝に出てきます。ところが、なぜか、日本国との戦いとしてではなく、倭国との戦いとして書かれているのです。ここに重要な問題が含まれているのです。百済伝・新羅伝のあとに倭国伝が置かれているということは、白村江で戦った相手である倭国とはいったいどういう国か、その説明として倭国伝が書かれた、といってもよいわけですから、戦いの相手をまちがえて書くなどということは考えられません。

白村江の戦いは、日本書紀では六六三年、天智二年の記事として書かれており、そこには一年のズレがあります。しかし、中国・朝鮮側の資料ではいずれも六六二年となっています。したがって、少なくとも六六二年までは倭国であったことになります。

ところが、白村江の戦いが終わってから四十年ほどのちの七〇三年になって、今度は唐と日本国との交流が開始されているのです。つまり、唐王朝は七世紀の終わりごろまでは倭国と国交を結んでいた、そして倭国と戦争した、白村江の戦いののち、日本国との国交に変わった。こういうことを旧唐書は述べているわけです。

武彦少言(7)

旧唐書の倭国伝と日本伝、これはぜひ、書棚においてほしいな。なに、高いものじゃない。岩波文庫(青四〇二―一)で四六〇円(一九八九・九・五、第三一刷)。ただ「解説」で「倭国と日本を併記するような不体裁」とあるのは、失着。近畿天皇家一元主義(Tennology)からの解説として、研究史に残るであろう。

旧唐書全体を見たい人は、中華書局出版の標点本(文章のくぎりや固有名詞をしめす)が便利。全十六冊本だ。古代史を研究したい人には、必須。

さらに、原本に接したい人には、百衲本（ひゃくのうぼん）二十四史が必要だ。上・下二冊である。「標点本」は大陸系、「百衲本」は台湾系、いずれも中国系書店で扱っている。通貨の関係か、いま、私たちにとって、それほど高価ではないのが、ありがたい。

古事記・日本書紀ばかりで日本の古代史が〝間に合う〟時代は、すでに去ったのである。

旧唐書の倭国記事の信憑性

もし、これが正しければ、いま日本の教科書に書かれている古代史像は一挙に崩壊してしまいます。いや、明治時代以来の歴史認識が根底から崩れ落ちる、といってもよいでしょう。

では、旧唐書(2)に書かれたこの記事を、従来の歴史家はどのように見なしてきたのでしょうか。それは、おしなべて皆、「中国側が大ウソを書いているのだ」といってゴミ箱へ放り込んでいるような対応なのです。天皇家ナショナリズムを信奉する明治期の薩長政権が、古事記・日本書紀にもとづいて創り出した歴史を教科書に書くというのは、あたり前といえばあたり前でしょう。しかし、世界でもたぐいまれなる一大文明を築き上げた中国の唐、その正史たる歴史書をポイとゴミ箱に捨ててしまうような対応は、いかがなものでしょうか。私には納得できません。

私は、この旧唐書の記事はリアルであると考えます。なぜかといいますと、まず、旧唐書が同時代史料であるからです。唐は文字の国ですから、七世紀にもこの記録を書き、八世紀にも記録を書いている。その記録を編纂したにすぎないのが旧唐書です。あとになって、昔のいろんな伝承を思い出して書きつづったという性格の書物ではありません。内容的には、第一級の同時代史料なのです。これが一番大きな理由です。

この点、古事記・日本書紀は、七世紀段階から記録官がいて記録を取りつづけていたというのではなく、八世紀になって初めて作ったという感じが強い歴史書です。史料の信憑性という点においては、やはり旧唐書に軍配を上げざるをえません。

もう一点、重要なことがあります。古事記・日本書紀の場合、近畿の天皇家が作った正史ですから、天皇家自身の記述に関しては全幅の信用性を置くことができない、ということです。これは一般的にいえますが、たとえば王朝の正当性について、ご本人がいっているから歴史的にも正しい、とはならないのが客観的です。ですから、この点は中国の旧唐書にもいえます。唐の天子の来歴について、以前からのたいへん尊い血筋を受けているように書かれていますが、これは信用できないと私は思っています。

漢書もまた同様です。前漢の高祖すなわち劉邦は洛陽の商人出身です。言葉は悪いですが、どうせ〝ロクなもの〟ではなかったでしょう。その時代、高貴な血筋の者で商人をやっていた人などいなかったでしょうから。しかし、史記・漢書には、劉邦の出自についてけっこうもったいぶった、飾った記述がなされています。このように、王朝の大義名分に関しては、正史にあることが真実とはいえない、というのが私の基本的な考え方なのです。これは、東洋のみならず、ヨーロッパについても同様に思っています。

旧唐書における天子の来歴(3)、これについては信用できない。では、唐が記した倭国・日本国の記事、これもまた信用できないかというと、これについては、私は、信用できると考えます。なぜかといいますと、唐の王朝にとって、同一の国を倭国と日本国というように、二つにいいかえる必要性はどこにもないからです。戦争して勝った相手の国ですから、倭国と日本国に関して一つを二つにいうべき利害関係はありません。

劉仁願紀功碑（韓国）

そういうことで、旧唐書の倭国・日本国の記事は信用できると考える次第です。

　これが従来の私の理解ですが、最近、
　これを裏づける論証を得ることができました。

郭務悰の証言

　第一の扉で、「政・悰・満の法則」をご紹介しましたが、「悰・満」については触れませんでした。ここで残りの「悰・満の法則」のお話をします。

　悰とは、日本書紀の天智紀に登場する郭務悰《かくむそう》という人物の一字を取ったものです。彼は、白村江の戦いが終わったあと、百済の鎮将すなわち占領軍司令官である劉仁願によってわが国に派遣された人物です。天智三年（六六四）の五月と十月、天智四年の九月、計三回にわたって来日しています（天智八年『是歳』項を入れれば、計四回）。次の記事をご覧ください。

〔天智三年〕

　夏五月の戊申の朔甲子（十七日）に、百済の鎮将劉仁願《りゅうじんがん》、朝散大夫《ちょうさんだいぶ》郭務悰等を遣《まだ》して、表函《ふみひつ》と献《みつ》物《き》とを進《たてまつ》る。

　冬十月の乙亥の朔に、郭務悰等を発《た》て遣す勅《みことのり》を宣《の》たまふ。是の日に、中臣内臣《なかとみのうちつまへつきみ》、沙門《ほふし》智《ち》祥《じょう》を遣《つかは》して、物を郭務悰に賜ふ。戊寅（四日）に、郭務悰等に饗《あへ》賜ふ。十二月の甲戌の朔乙酉（十二日）に、郭務悰等罷《まか》り帰りぬ。

〔天智四年〕

九月の庚午の壬辰（二十三日）に、唐国《もろこし》、朝散大夫《ちょうさんだいふ》沂州《きしゅうの》司馬《しば》上柱国《じょうちゅうこく》劉徳高《りゅうとくこう》等を遣《まだ》す。等といふは、右戎衛将《ゆうじゅえいしょう》上柱国《じょうちゅうこく》百済禰軍《くだらのおぐん》・朝散大夫《ちょうさんだいぶ》柱国《ちゅうこく》郭務悰を謂《い》ふ。凡《すべ》て二百五十四人《ふたももあまりいそあまりよたり》。七月二十八日に、対馬に至る。九月二十日に、筑紫に至る。二十二日に、表函《ふみひつ》を進《たてまつ》る。

冬十月の己亥の朔己酉（十一日）に、大きに菟道《うぢ》に閲《けみ》す。

十一月の己巳の朔辛巳（十三日）に、劉徳高等に饗《あへ》賜ふ。

十二月の戊戌の辛亥（十四日）に、物を劉徳高等に賜ふ。

是の月に、劉徳高等罷《まか》り帰りぬ。

〔天智八年〕

（是歳）又大唐、郭務悰等二千余人を遣わせり。

最初の来日は、白村江の戦いで唐・新羅連合軍が勝利してから九カ月後にあたります。いずれも滞在期間は短く、もっとも長期なのは、随行団の一員として来た天智四年の時ですが、四カ月で帰っています。この時は、二五四名という多人数でやって来ているところからみて、私は、占領軍的任務を帯びていると考えています。また、天智六年の十一月には、このような記事も書かれています。

十一月の丁巳の朔乙丑（九日）に、百済の鎮将劉仁願、能津都督府《ゆうしんのととくふ》能山県令《ゆうせんのけんのれい》上柱国《じょうちゅうこく》司馬法聡《しばほうそう》等を遣《まだ》して、大山下《だいせんげ》境部連石積《さかいべのむらじいわつみ》等を筑紫都督府《つくしのおほみこともちのつかさ》に送る。己巳（十三日）に、司馬法聡等罷《まか》り帰る。

小山下《しょうせんげ》伊吉連《いきのむらじ》博徳《はかとく》・大乙下《だいおつげ》笠臣《かさのおみ》諸石《もろいわ》を以《も》て、送使《おくつかひ》とす。

彼らは、今度、「筑紫都督府」を拠点にしたようです。いずれの場合でも、彼らは観光旅行で来たのではありませんから、当然、軍事的・政治的報告書を書いたはずです。第一回目は、百済に駐留する占領軍司令官・劉仁願に対し、二回目と三回目は唐の天子の直接命令で来たので、天子に対して、それぞれ報告している。いま問題は、それらの報告書に盛られた情報が基になって旧唐書も書かれたはずだ、ということです。たしかに、三回ないし四回しか来ていないので、たいしたことはわからなかったかもしれません。しかし、国が一つなのか二つなのかという肝心要の事に関してわからなかった、あるいはまちがえて報告した、なんていうバカな話は考えられません。

したがって、郭務悰の報告に基づいて旧唐書の倭国伝は書かれており、その内容はリアルである。これが「悰の法則」であります（その後、郭務悰の来日が「四回」であることを確認）。

仲麻呂の証言

唐の高官になった仲麻呂

次に述べるのが、「満の法則」です。

同じく旧唐書の日本国伝の中に、仲満という名の人物が出てきます。

開元（七一三〜四一、玄宗、元明・元正・聖武天皇）の初、又使を遣わして来朝す。（中略）其の偏使、朝臣・仲満、中国の風を慕ひ、因りて留りて去らず。姓名を改めて朝衡と為す。仕えて左補闕・儀王

の友を歴《ふ》。衡、京師に留ること五十年。書籍を好み、故ちて郷に帰らしめしも逗留して去らず。（下略）

中国名で朝衡と書かれているこの人物はだれかといいますと、阿倍仲麻呂のことなのです。仲麻呂は七一七年（元正天皇の時代、養老元年）に日本国の遣唐使として唐へやって来ています。その地で、ベトナム大使を歴任したり、のちには唐の高級官僚にまで登りつめた人物です。このあたりは、いかにも国際国家・唐のふところの深さを感じさせます。明治の日本にもたくさんのお雇い外国人が来日しましたが、明治政府の高級官僚になった人などいません。

唐の地で月をながめる阿倍仲麻呂。富岡鉄斎画。

日本国伝の中に、朝衡（仲麻呂）は京師（都・長安）に五十年留まった。書物が好きだった。いったん故郷の日本へ帰ろうとしたが、また長逗留してしまった。それ以後、帰らなかった。そういう履歴が書かれています。つまり、仲麻呂は、唐の王朝の高級官僚として長安に五十年滞在し（もちろんベトナム大使時代は長安にはいませんが）、そこで死んだのです。この理解に反対する人はいないでしょう。

となると、日本国伝は仲麻呂の情報によって書かれていた、こう考えても不思議ではありません。日本国伝を書いたのは、いうまでもなく唐王朝の記録官です。その記録官が、同じ長安に住み、しかも日本国の正式の国使として来ていた仲麻呂に聞かないで、朝廷の正史を書くはずはありません。「お国はどんな国か」と尋ねられた仲麻呂は、

倭国と日本国は別の国で、七世紀までは倭国である。倭国は、後漢の光武帝から（志賀の島で発見された）金印を授与された国の後裔で、日出処天子《ひいずるところのてんし》も倭国の天子である。一方、日本国はもとは倭国の分国だったが、八世紀の初めに独立し、倭国を併合した。私は、その日本国から派遣されてきたのである。

と証言したはずです。

当然、仲麻呂の証言内容と郭務悰の報告とは照合されたでしょう。そして、両者の内容に矛盾なし、とわかったあとにはじめて正史として採用され、記述されたのです。

武彦少言⑻

阿部仲麻呂って、すごい人だな。日本の外交官と隣国の高級官僚と、一生で二つを兼ねた人なんて、ほかにいたか知らん。知らないな。

本人もすごいけど、それを受け入れた中国、唐の王朝もすごいな。もっとも、日本国（近畿天皇家）には、百済の亡命官人など、ずいぶん優遇されたみたい。九州王朝にも、ずいぶん優遇されたみたい。

九州王朝にも、百済の官人など、「亡国」以前から、かなりいたんじゃないかな。宋書倭国伝に出てくる「司馬曹達」なんて、きっとそうだよ。

太祖の元嘉二年（四二五）、讃、又司馬曹達を遣わして表を奉り方物を献ず。

とある、あの人物だ。「司馬」は官職名。「曹」が姓らしいから、魏の天子、曹家の出身かもしれない。三世紀の倭国は、例の「親魏倭王」で、魏と深い関係にあった。その魏を「禅譲」した西晋が、建興四年（三一六）に滅亡。そのころ、「亡命」してきた、などと想像もできよう。ともあれ、従来「讃」にあてられてきた「履中天皇」や「仁徳天皇」の治世。この特色ある人物の〝気〟もないよね。古事記・日本書紀とも。こんなこと、ちっとも気にしてないんだから、もう。Tennology は、気楽だね。

すべての歴史家に捧げる法則

ここで、第一の扉でご紹介した木佐提言を思い起こしてください。「張政の二十年間にわたる倭国滞在にもとづいて書かれた倭人伝の行路・里程は正確である」という木佐提言は、人間の理性の示すところのものでした。

同じく、ここにおいて、郭務悰の証言ならびに阿倍仲麻呂の証言はリアルである。よって、旧唐書の語るところが真実の歴史の筋道である。いいかえれば、古事記・日本書紀の示すところは誤りである。両書は、近畿の天皇家が自己正当化の意図のもとで書かれたもの。そのように考えざるをえない、というのが私の論証であります。

木佐さんは、私がかつて発表していた阿倍仲麻呂証言に関する論文をお読みになって、「木佐提言」を構想された。その私も、「木佐提言」の影響を受けて、「政・悰・満の法則」を確立したわけです。今年の春、私の勤務する昭和薬科大学の紀要に、「政・悰・満の法則」に関する論文を載せました。四百字詰めの原稿用紙で十枚という短い論文ですが、その論文の副題は、「すべての歴史家に捧げる」といたしました。(4)

以上が、私の「九州王朝」という概念を補強する新たな論証です。やはり九州王朝はあった、明治以来の教科書は根本的にまちがっていた、そのように考えるものです。

注

(1)「はくすきのえ」が本来形としての倭名。「え(江)」は〝川〟ではなく、海岸部の海域をしめす用語。「白村江に陣烈す」(日本書紀、天智紀)。これに対し、旧唐書・三国史記では「白江」。この「江」は〝川〟の意(前者が本来形。後者が後代形と、私は考えている)。

(2) 五代晋の劉昫(八八七〜九四六)著。高祖の天福六年(九四一)綜修開始、開運二年(九四五)完成。

(3) 旧唐書の冒頭には次のように書かれている。「高祖は、神堯・大聖・大光・孝皇帝、姓は李氏。(中略)長ずるに及び、倜儻豁達《てきとうかったつ》、任性真率、寛仁、衆を容《い》れ、貴賤と無く咸《みな》其の歡心を得」(本紀第一)。「倜儻」は他の物に拘束されないさま。又衆人とかけ離れて優れていること(『諸橋大漢和辞典』)。

(4) 英語、中国語、韓国語の三カ国語訳などとともに、刊行の予定(新泉社)。

第五の扉　「評」を創ったのはだれか

郡評論争とその後

敗戦の中の郡評論争

去年（一九九二）の十二月に私が思い立って始めたものに、共同研究会(1)という名称の研究会があります。これは、七世紀後半から八世紀初頭、九州王朝の滅亡から近畿天皇家への交代、先ほどの話でいえば、倭国から日本国への変化、この時代を対象として、いろんな視点から分析してみようという意図で始めた研究会です。多くの人たちの力をお借りして研究する過程で、私の九州王朝がまちがっているか、あるいはまちがっていないか、決定的な問題が出てくればよい。いずれにしろ、ここが正念場と思っております。二カ月に一回、会場は文京区民センターで午後五時半から九時まで、ということでやり始めたのです。一応、期間は三年間。まあ、あわてず、ノロノロと進んでいこうと思っておりましたところ、さっそく大きな問題が出てきました。それは、郡《ぐん》評《ぴょう》論争(2)に関する問題であります。ここでは、その骨子を申し上げます。

戦後の古代史上における郡評論争というのを、皆さんはご存じでしょうか。この論争は、坂本太郎さんと井上光貞さんとの間で交わされた有名な論争です。

戦前、昭和四年から六年にかけて、津田左右吉は雑誌『史苑』に「大化改新の研究」を発表、その中で、大化の改新（大化二年、六四六年）の詔勅は不自然である、よって大化の改新は実在しなかったのではないか、と懐疑説を発表していたのです。それを批判するかたちで、坂本太郎さんが、昭和十三年に『大化改新の研究』という本を出版。そこでは、大化の改新の詔勅は日本書紀に書かれているとおりでよい、と実在説を主張した経緯がありました。

ここで、日本書紀の孝徳天皇の大化二年の条に出てくる、改新の詔勅を見ておきます。少々長いですから、今回のテーマに関する部分にしぼって掲げておきます。

二年の春正月の甲子の朔に、賀正礼《みかどをがみのことをは》畢りて、即ち改新之詔《あらたしきにあらたむるみことのり》を宣《のたま》ひて曰《のたま》はく、「其《そ》の一《はじめ》に曰《のたま》はく、昔在《むかし》の天皇等《すめらみことたち》の立《た》てたまへる子代《こしろ》の民《おほみたから》・処処《ところどころ》の屯倉《みやけ》、及《およ》び、別《こと》には臣《おみ》・連《むらじ》・伴造《とものみやつこ》・国造《くにのみやつこ》・村首《むらのおびと》の所有《たもて》る部曲《かき》の民《おはみたから》・処処の田荘《たどころ》を罷《や》めよ。仍《よ》りて食封《へひと》を大夫《まへつきみ》より以上《かみつかた》に賜《たま》ふこと、各《おのおの》差《しな》有《あ》らむ。（中略）其の二《つぎ》に曰《のたま》はく、初《はじ》めて京師《みさと》を修《をさ》め、畿内国《うちつくに》の司《みこともち》・郡司《こほりのみやつこ》・関塞《せきそこ》・斥候《うかみ》・防人《さきもり》・駅馬《はいま》・伝馬《つたはりうま》を置《お》き、鈴契《すずしるし》を造《つく》り、山河《やまかは》を定《さだ》めよ。凡《おほよ》そ京《みやこ》には坊《まち》毎《ごと》に長一人《をさひとり》を置け。四《よ》つの坊《まち》に令《うながし》一人を置け。（中略）其の三《つぎ》に曰《のたま》はく、初めて戸籍《へのふみた》・計帳《かずのふみた》・班田収授之法《あかちだをさめさづくるのり》を造《つく》れ。凡《すべ》て五十戸《いそへ》を里《さと》とす。里毎《さとごと》に長一人《をさひとり》を置《お》く。（下略）

さて、戦後になり、昭和二十六年十一月、坂本太郎さんの高弟であった井上光貞さん（当時、東京大学教養学部助教授）が、東京大学の史学会第五十回大会の場で、「大化改新詔の信憑性」と題する研究発表を行ない、恩師たる坂本太郎さんに反論したのです。井上さんの要旨を手短かにまとめると、次のようになります。

日本書紀の大化改新の詔勅を読むと、行政単位として郡という言葉が頻繁に出てくる。これはおかしい。なぜかというと、郡は七世紀の金石文や断片資料には現われない。七世紀段階では評という言葉が使用されている。そして八世紀になって郡に替わっていく傾向がある。よって、こんにち見る大化改新の詔勅は原文のままではなく、後代の立場から書き換えられており、信用の置ける資料とはみなせない。

実は、その大会の議長をしていたのが、当の坂本太郎さんだったのです。恩師の目の前で、弟子が恩師の説に対して反対意見を発表したわけです。これは、たいしたものです。やはり、この状況は敗戦後の雰囲気をよく表わしているなあ、と私は思います。

武彦少言(9)

郡評論争のころ、学界には活気があった。お師匠さんの坂本太郎さん派、お弟子さんの井上光貞さん派、学界は二派に分裂して一大論争。これでなくちゃ、ね。

私が昭和三十年ごろ、大阪の続日本紀研究会で接した田中卓さんなど、連載した論文の途中までは「坂本派」で論陣を張っていたのが、途中から「井上派」に衣がえ。〝変節〟みたいだけど、そんなんじゃない。資料に密着して調査してゆくうちに、そうなったんだ。田中さんらしい率直さだった。

そのような嵐のすぎ去った、すぐあと、私の古代史の第一書、『「邪馬台国」はなかった』が世に現われた。それ以来、二十余年、生命を保ってきた。学者たちの無視や嘲笑にもかかわらず、この日本列島の人々が支持してくださった。

私は熱望している。熾烈な論争を。しかし、何よりも、紳士の論争を。紙上では烈しくとも、人間的には深い信頼と尊敬を抱き合う、そんな論争がしたい。

七世紀は評だった

その時、坂本さんはどうしたのか。「私は今の井上さんの発表には反対です、しかし、今日の私は議長ですから、あらためて私の見解を述べます」といわれたそうです。そして事実、翌年の昭和二十七年二月、『歴史地理』八十三―一でかなり長文の「大化改新詔勅の信憑性の問題について」という論文を発表したのでした。

ところが、その坂本さんの論文を読んだ井上さんは、同年七月、また反論を発表したのです。「坂本太郎博士に捧ぐ」との副題のついた「再び大化改新詔の信憑性について」(『歴史地理』八十三―二)という論文です。その論文は、

私は博士のこの貴重な文章を拝読しなかつたならば、周到精緻な反証に自己を照らすことがなかつたならば、私は自説にこれほどの確信を得ることはできなかつたであろう。いわんや私は博士の御指摘によつて、幾つかの点に眼を開かれた。……これらの新しい知見が今後続けて行きたい改新詔原典批判にいかに豊富な内容を与えるかははかり知られないものがある私は自説を弁護し得たことよりも、

このように多くの御教示を得たことをこそ最大のよろこびとするものであつて、博士の学識と学恩に深く首を垂れたいと思う。

という結びをもって終わっています。私の大好きな論文の一つです(3)。

こうして火ぶたを切った郡評論争ですが、こののち、多くの学者は両者いずれかの立場に立って、論文を発表することとなりました。当時は現在とはことなり、まだ世間一般には古代史ブームはなかったのですが、学会ではたいへんな大論争が巻き起こったわけです。

その論争に終止符を打ったのは、昭和四十二年から四十三年にかけて行なわれた奈良県の藤原宮の発掘でした。私が最初の本『「邪馬台国」はなかった』を出版する三、四年前のことです。藤原宮から出土した木簡に書かれていた文字によって、七世紀段階は「評」、八世紀段階は「郡」であることが判明したのです。

藤原宮から出土した木簡。「己亥年十月上挟国阿波評松里」とある。

論争の途中で、井上さんは、七世紀後半のうしろ半分あたりからは「郡」になったと考えてもよい、と恩師・坂本さんに譲歩しつつあった。しかし、譲歩しなくてよかったわけです。その後さらに、静岡県浜松市で発掘された伊場《いば》木簡でも同様の結論が出て、結局、この郡評論争は、井上光貞さんに軍配が挙がったわけでした。

私が、『「邪馬台国」はなかった』を出版したのは、この論争に終止符が打たれてまもないころでした。そういう意味でも、郡評論争は私にとってたいへん印象の強いものだったのです。

評は九州王朝が創った

こうして郡評論争は終わりました。たしかに、論争には終止符が打たれはしたが、むしろ、歴史学の問題としては、ここからが本当の出発点ではないだろうか、というのが私の立場なのです。この点については、すでに『古代は輝いていたⅢ――法隆寺の中の九州王朝』（朝日文庫／ミネルヴァ書房）のなかの第六部第二章「評制の終結」において述べております。その論旨を申しあげます。

まず、事実関係としては評だったわけですが、日本書紀では大化改新のみならず、その後、七世紀後半にいたっても郡が頻繁に出ている。続日本紀《しょくにほんぎ》の初めになっても、文武元年（六九七）から文武四年（七〇〇）の間、すべての評を郡に書きかえている。では、なぜ、評を隠して郡に書きかえねばならなかったのか、という問題が第一点。

第二点。では、制度としての評を創ったのはいったいだれなのか、という問題。近畿天皇家、すなわち大和朝廷が創ったのであれば、なぜそれを隠そうとしなければならなかったのか。実は、評制の制定者は大和朝廷ではなかったのではないか、という疑問。

私は、自説の九州王朝論にのっとって、評制は九州王朝が制定した制度と考えられる、と先の文章において述べたのです。しかし、本が出版されて七年以上経ちますが、学者の方からの反応はまったくない状態です。これもまた、残念といわざるをえません[4]。

制度記載の原則

さて、次のテーマに移りたいと思います。ご存じのように、日本書紀の記事は女帝の持統天皇をもって終わり、その後、文武天皇からは続日本紀に替わっていきます。その続日本紀の文武天皇二年（六九八）三月に、次のような記事があります。

郡制施行記事の発見

己巳（九日）。詔して筑前国の宗形《むなかた》、出雲国の意宇《おう》二郡司、並びに三等已上の親に連任することを聴《ゆる》す。庚午（十日）。諸国の郡司を任ず。因りて諸国司等に詔して郡司を銓擬すること偏党有すこと勿《なか》らしむ。郡司任に居て須《すべから》く法の如くすべし。今より以後違越せざれ。

ご覧のように、続日本紀に替わっても、郡が出ています。この点を従来はどう考えていたかといいますと、七世紀に入っても評を郡に書きかえている、とみなしていたのです。実は、私もそう考えていました。ところが、そうではなかったことを今回発見したのです。

まず、この記事は、歴史書において郡が初めて登場する記事であります。その前に日本書紀があるではないか、という方がいるかもしれませんが、それは違います。日本書紀が完成したのは養老四年（七二〇）のこと。続日本紀のこの記事は六九八年ですから、こちらの方が二十二年早いわけです。ですから、歴史書に初めて郡が書かれた記事が、右の記事となります。

この記事は、神話で重要な筑前の宗形《むなかた》、出雲の意宇《おう》の郡司の話から始まっています。そして、三親等以内の者であれば受け継いでもよい、と書かれています。ただし、親のどういう官職かは書かれていないのが意味深長です。親が郡司でその子供が同じく郡司になるのは当たり前の話ですから、とくに明記する必要はないわけです。ですから、ここでは違う官職の場合をいっているのかもしれません。

次の箇所では、「任諸国郡司」と、はっきりと郡制の施行をうたっています。この点、私も他の学者もうっかりしていました。というのは、評は郡の書き直しと考えていたので、当然のごとく「郡制施行の記事」などはないものだと思い込んでいたからです。ところが、「郡という制度を施行した」と書かなくても、「郡司を任命した」と書けば、郡制施行の意味たりえたのです。

その次に、郡司を選ぶ場合の注意点として、「勿有偏党」すなわち依怙贔屓《えこひいき》しないようにとあります。そして、郡司は「必須如法。自今以後不違越」と書かれています。これはおもしろい表現でして、法のごとくせよというのはあたり前ですが、「いままではかまわない、しかしいまからあとは違反してはいけない」というのはどういうことなのか。私は、この記事こそは、近畿天皇家による法制度の開始を意味している、と考えます。もし、そうでなく、ずっと以前から、持統天皇や天武天皇の法制度が持続していたならば、この時点であらためてこのように書くのはおかしいわけですから。この箇所は、古代史を研究する人ならよく知っている記事なのですが、そういう問題点が含まれていたことには気がついてこなかったようです。

同じく続日本紀の文武天皇二年（六九八）の十一月の記事を見てみましょう。ここでは、大嘗祭《だいじょうさい》が行なわれたことが書かれています。

己卯（十三日）。大嘗す。直広肆・榎井の朝臣・倭麻呂、大楯を竪《た》つ。直広肆・大伴の宿禰・手拍、楯桙を堅つ。神祇の官人及び事に供する尾張・美濃二国の郡司・百姓等に物を賜ふ。各差有り。

以前、私は、日本書紀においては持統天皇が大嘗祭を行なった最初で最後の天皇であると、述べたことがあります。[5] ここでは、文武天皇の大嘗祭に関連して、尾張と美濃の二つの国の郡司が出ていることを指摘するにとどめます。

次は文武天皇四年（七〇〇）三月の記事をご覧ください。

己未（十日）。道照和尚物化す。……和尚は河内の国丹比郡の人なり。

ここでは、道照という僧侶が死んだことに関連して、「河内国丹比郡」と、「〇〇国〇〇郡」という典型的な表現が出ています。

以上の三つが、続日本紀の最初に出てくる郡の記事です。

評督・助督の反抗

さて、問題の記事が、文武天皇四年（七〇〇）六月三日に登場してきます。その箇所を見てみましょう。

庚辰（三日）。薩末《さつま》の比売《ひめ》、久売《くめ》波豆《はづ》、衣《え》の評督《ひょうとく》、衣の君・県《あがた》、助督、衣の君・弖自美《てじみ》、又肝衝《きもつき》の難波、肥の人等に従ひて、兵を持して覓国《くにまぎ》使・刑部《おさかべ》の真木等を剽劫《ひょうこう》す。是《ここ》に於て竺志の惣領に勅して犯に准《じゅん》して決罰せしむ。

いくつか、言葉を説明しておきます。「薩末《さつまの》比売《ひめ》久売《くめ》波豆《はづ》」の比売は位の名称、久売波豆(6)が名前でしょう。「衣評督」の評督は官職名、「肝衝」は地名、「難波」は人名で、豪族でしょう。「覓国使」というのは「くにまぎし」と読み、文武天皇の大和王朝から派遣された使者のことです。その使者と、衝突したとあります。「竺志惣領」とは太宰府の拠点（官名）でしょう。

この記事はたいへん有名な記事でして、例の郡評論争においても、坂本太郎さんと井上光貞さんとの間で最初から論争対象となったものです。と言いますのは、この文武天皇四年六月三日の記事が、評の初出記事としてポイントになったからです。その論争においては、評督・助督という単語だけが問題視され、文武天皇から派遣された使者と衝突した云々の文意・文脈は等閑視されていました。

しかし、そういう姿勢はおかしいと思います。なぜなら、先に見たように、郡制を施行した記事ならばすでに三回出ており、覓国使と称する使者が薩末へ派遣されている。この覓国使が決して平和的な使者でなかった証拠が、文武天皇二年（六九八）三月十三日の記事にあります。

壬寅（十三日）。務廣貮・文の忌寸《いみき》博士等八人を南嶋《みなみしま》に遣はして国覓《くにまぎ》せしむ。因りて戎器を給す。

「務廣貮」は官職名、「文」は文章、「南嶋」は種子島などの南島、「覓国」は国を求める、と読みます。ここでは、文武天皇の使者が平和的にではなく武装して、郡制を施行するために南島に行ったのです。郡制の施行を承知しない者は、武力でやっつける。すなわち、「左手に郡制の命令書、右手に剣」というスタイルで乗り込んでいったわけです。南島では問題が起きなかったかもしれませんが、薩末では大混乱に陥ったことが、六月三日の記事から判明するのです。

大混乱に陥れた相手方は誰かというと、評督、助督といった役職の人々であった。その役職は、ここで初めて登場するものです。文武天皇、すなわち近畿の天皇から、郡制を施行すべく派遣された者が、評督、助督と衝突した。ということは、明らかに古い制度と新しい郡制度の衝突を意味するわけです。

これまでの学者は、近畿天皇家一元主義に依拠して、この記事を読んでいたから、ただ評の制度が出ていた、日本書紀ではとくに書き残してはないが、大化改新前後に評という制度を大和朝廷はつくったのだろう、という解釈をやってきたのです。しかしそういう解釈は、正しい資料の扱いではなかった、ということがはっきりしたわけです。

考えてみると、日本書紀や続日本紀の記事を書いた人々にとって、評の存在は、百も承知であったはずです。なぜかといえば、藤原宮から木簡が出てきましたが、当時は木簡は地上にあり、実際に使用されていたものである。だから日本書紀や続日本紀を書いた人々は評という制度は歴史書に書いてもらわなくてもみんな知っていたのです。評という制度があるなんて夢にも知りませんでした、なんて考えられない。「評」の文字が出てくるのは七世紀半ば以降ですから、だれかが作ったはずである。その評制のことがひと言も日本書紀に出てこないということ自体がおかしいのです。

ついでに申し上げておきますと、中国には評制度はなかったのです。軍事および政治の中心権力を示す言葉としての評制度はありましたが、日本のように面積を示す意味あいでの評というのはなかったのです。したがって、これは日本独自のものといってよいでしょう。百済・新羅では、日本よりちょっと遅れて出てきますが……。

評という制度が日本において施行されたのは明らかな事実です。しかもそれは大和を基盤とする近畿の天皇家の人たちも日常使っていた。にもかかわらず誰が評という制度をつくったかについては、歴史書にいっさい書いていない。評制度創設記事を書かずにおいて、いきなり評督、助督という官職をもった人物が反抗してきた、ということだけを書いてある。

これの意味するところは明らかです。すなわち、評という制度は近畿天皇家が施行した制度ではなかった。近畿天皇家以外の、あるいは以前の権力者が施行した制度である。そういう結論にならざるをえないのです。では、誰が初めて施行したのか。それは九州王朝である。いまのところそれ以外に考えるのは無理である。

しかも重要なことは、九州王朝でつくられた評という制度が藤原宮という近畿天皇家のど真ん中で使われていた。いまの静岡県の伊場《いば》でも使われていたという事実であります(7)。いいかえると、九州王朝の倭国が日本列島の中心権力者であった、いわゆる大和朝廷は、有力な一豪族にすぎなかった。それは、旧唐書が記していた通りであった、ということを木簡が証言していたのです。

木簡というのは今日の古代史学においては有名にしてかつ重要な分野でありながら、いまのような話は誰もしていません。いつごろかはわからないが大和朝廷が評という制度をつくり、それが木簡から出てきますという説明でしかなかった。

これはやはり、明治の薩長政権以後の近畿天皇家一元史観(8)に依拠すると、それ以外に説明の方法がないのです。

古田命題

さて、こういう論考の中で私が得ましたテーマは、

「制度記載が記・紀にない古代史官職名等は、近畿天皇家制定のものではない」

というものです。これを、あえて私は「古田命題」と命名いたしております。

この古田命題を英語に訳して外国人に読ませたら、あたり前じゃないかと笑われそうです。それほど

シンプルな命題です。ところが、世界の常識は日本の非常識であり、日本の古代史学では戦前・戦後、このテーマを一回も受け入れたことはないのです。

では、どう考えてきたのか。戦前の皇国史観の時代では、官職名をつけるのは天皇家以外にありえないと考えられていました。さらに、津田左右吉が皇国史観以上にこのテーマを強調したのです。津田左右吉は戦前、いわゆる右翼に攻撃され裁判にかけられ、処分をうけたほどの歴史学者でした。にもかかわらず、彼が一貫して主張しつづけたところの意義と自負は、

「私こそが一番天皇家のためになっているのだ」

ということでした。

津田左右吉の歴史観をご存じの方は、津田は古事記・日本書紀の記事は造作であるとして否定するのだから、何が天皇家のためだと思うことでしょう。しかし彼はたしかにそう考えていたのです。

これは本当なのです。どういう論理展開かといいますと、たとえば古事記・日本書紀で、だれもが知っている武内宿禰《すくね》という人物がいます。ところが「宿禰」という官職名をつくったという記事は、古事記・日本書紀にはありません。ないけれど、宿禰は大和朝廷の官職名であるということは〝暗黙の了解〟になっている。だから、書いてなくても官職名があればそれは大和朝廷が制定したものであるということです。私は、これを「津田命題」と名づけています。

つまり、古事記・日本書紀は信用のおける歴史書ではない。よって、記・紀に制定記事がなくても、官職名が書かれていれば、それは大和朝廷制定のものとみなしてよい、という論理です。これは私からみればずいぶん強引な論理です。この津田命題にもとづけば、古事記・日本書紀になくても、官職名、制度らしきものが出てきたら、すべて近畿天皇家の勢力が創ったのだ、という処理ができるようになる。

こうして、戦後史学においては、戦前よりずっと安定した方法で、天皇家一元主義が貫かれるようになった。それが、いま子供たちが使っている日本史の教科書に載っているのです。

ところが私はそれはやはりおかしいと思います。古事記・日本書紀は近畿の天皇家が自己を正当化するためにつくった歴史書です。したがって、天皇家がこの制度をつくったと書いてあったとしても、歴史学者としてはその真偽を検証しなくてはいけないわけです。これがまず第一点。

次に、実際に書いていないのにこれは天皇家がつくりましたという話は成り立たない。枝葉末節的な事柄であれば書きもらすことがあったとしても、国の根幹にかかわる大事な制度を書きもらした、ではすみません。そういう記事が存在しないのは、その制度は天皇家がつくったものではないからである、このように考えるのが私の判断です。

もし私のこの考えが正しいとすれば、こわい話がいくつか出てまいります。その一つが「太宰府」に関するものです。

太宰府はだれが設置したのか

官職あるいは制度の施行者が近畿の天皇家ではなく、実は九州王朝である、という例の一つに「太宰府」があります。七世紀後半には、この太宰府の名称は日本書紀などで繰り返し出てきます。

ところが近畿の天皇家が太宰府を制定したなんていう記事は、古事記・日本書紀のどこを見てもないけれど出てくる。これまで、そしていまも私以外のすべての歴史学者は、太宰府は近畿の天皇家が設置したものだとして教科書にも書いている。

先ほど申し上げた、津田命題によると、太宰府というのは大きな役所の名前ですから、書いていなくても近畿の天皇家がつくったものだということになるのです。

しかしこれもよく考えると非常におかしい。なぜかというと太宰府の「太宰」とは大宰相という言葉があるように、総理大臣役の名称のことなのです(9)。だから太宰府というのはいまでいう総理府にあたります。大和朝廷の総理府が遠くはなれた九州の博多にあるなんて考えられるでしょうか。第一、そんなに離れていたのでは、不便でしょうがありません。

太宰府＝総理府のモデルとは、当然のことながら中国で、これは周代から、例の有名な周公が、太宰＝たいさいの職にあったことは知られています。ところがその後、たとえば宋、(南)斉、梁、陳というような、南朝にも太宰府がおかれている。どこにおかれているかといえば当然建康、つまり南京です。その場合、もちろん天子も南京にいました。同じ町の中に天子がおり、太宰府があるわけです。

北朝のほうはどうかというと、いまの洛陽であるとか西安であるとか、そこに天子がおり同時に太宰府がありました。だから北朝なのです。天子の所在地に太宰府が設置されていた。というのは当たり前すぎる話です。

そうすると、なぜ博多に太宰府があるのかそういう問いを出されれば、そこに天子がいたから、そう答えるのが自然でしょう。

私の本(『古代史60の証言』駸々堂出版刊)をお読みになった方はご存じでしょう。いまの大宰府政庁跡の遺構にむかって右奥に竹やぶがあって、畑地があります。この畑地の字名がおもしろいのです。「字《あざ》、紫宸殿《ししんでん》」(10)というのです。これは何を意味しているのでしょうか。

私の京都の住まいは向日市にありますが、桂川をはさんだ、京都市内から見た場合、向こう側の向日市に、「字《あざ》、大極殿《だいごくでん》」(11)というのがある。その場所は、現在、竹やぶの中です。地元の方に「なぜ、大極殿と呼ぶのですか」と尋ねても、「いや、知りません。父も祖父もそう呼んでいたので、私も同じよう

大宰府政庁跡

に呼ぶだけです」と答えるばかりだったのです。「幻だ」といわれていた長岡京が、私が高校教師をしていたころ、隣の高校の先生をしておられた中山修一さんの努力で、発掘に成功したのです。ずっと発掘を進めていって、中心部にあたるのが「字、大極殿」だった。長岡京といえば平安京がおかれる直前ですから、その時期からずっと現在まで、その地を大極殿といいつづけていたのです。同じ例は奈良にもあります。土地の人が「大極の垣」とよんでいるところを、ここが平城京の大極殿の所在地であると一生懸命いっていたが、だれにも、いわんや学者にも相手にされずに不遇の中で亡くなられた郷土史家の方がいらした。ところが、その後発掘したら大極の垣が大極殿跡であった。考えてみたら当たり前のことで、大極殿がなくて、そんな大それた名前を思いつきでつけるのは勝手でも、みんなが信用して地名として受け継がれるはずはありませんね。

字というのは、少なくともその周辺の人が使っているのですから、やはり理由があって使っているのです。そのことを、この二つの大極殿が証明したわけです。

同じように、字紫宸殿という字名をだれかが勝手につくって、それを周りの人々も使うなんてことはないのです。そうすると、いま太宰府跡といっているのは、実は紫宸殿跡、天子の宮殿跡であるということになります。

それでは本当の太宰府はどこにあるかということになります。それについては、兼川晋《かねかわすすむ》さんからご教示いただきました。兼川さんは、元テレビ西日本の名プロデューサーで、いまは「市民の古代研究会九州」の会長をされている方です。その兼川さんがおっしゃるには、

「遺跡『大宰府』は、いま太宰府市に入っています。しかし太宰府市というのは町や村がいくつも合併してできた市です。合併された町の中に太宰府町もありました。ところがあの遺跡『大宰府』は太宰府町にはなかったのです」

「では太宰府町にあったのはなんですか」とさらに尋ねると、

「太宰府町の八割方を占めていたのが、太宰府天満宮です。したがって太宰府天満宮の下が本当の太宰府（＝総理府）で、いまその跡といっているほうは天子の宮殿跡なのです」

そういうやりとりがありました。

それに関連していえば、遺跡「大宰府」跡の西に、蔵司跡という字があります。現在は、一画しか残っていないのですが、この遺構が奈良の正倉院とそっくりで、なお正倉院より規模が少し大きいのです。この点、奈良の正倉院の御物すなわち宝物の一部は、九州王朝のものではなかったか、といったテーマに発展していくのですが、今回は触れません。

ここでは、総理府にあたる太宰府をつくったのは大和朝廷ではない、九州王朝である、という指摘にとどめておきます。

古事記・日本書紀・風土記をそういう目でもう一度見直していただきますと、こういう例はたくさんあります。ありすぎて困ることを津田左右吉はよく知っていた。だから古事記・日本書紀は信用できな

いことにしておいて、そして官職名制度はすべて大和朝廷がつくりたもうたのだ、としたのです。そして、私のやり方でなければ天皇家は、その正当性を護持できない、という強い自負心を持っていた。ですから、津田左右吉が文化勲章を受賞されたのも当然の手柄に対してのものであったわけでしょう。手柄は結構なことではありますが、歴史の真実という手柄に対しては、私はやはり「ノー」であったと考えざるをえないのです(12)。

武彦少言⑽

天満宮や観世音寺へ生徒を連れて出かけた、小・中学校の先生はたいへんだな。だって公的な看板に、「大宰府」とあったり、「太宰府」とあったりするんだから。国の建てた看板なんかは「大」。点がない。ところが、市の建てた看板では「太」。点がある。生徒に「どっちが正しいんですか」と問われたら、困ってしまう。先生は、ね。

中国の書経（尚書）や日本書紀、ここでは「大宰」、点がない。だから、えらい役人は、これが正しいと信じている。

ところが、宋書。あの「倭の五王」の出てくる本だ。五世紀の南朝劉宋の「正史」である。ここでは、すべて「太宰」、点がある。「太宰府」も出てくる。これもすべて点がある（こういう場合、例の百衲本・二十四史の宋書で見てほしい）。

こちらの伝統を、かたくなに守りつづけているのが、太宰府市の人々。庶民。「太」でないと、自分の町の気がしない。

おわかりかな。この文字の伝統。ここに「倭の五王」の本拠地が大和か筑紫か、それがはっきりしめされている。「太宰府」を守ってほしい。それが本当の文化というものです。

——

注

（1）東京都文京区民センター（都営三田線春日駅上）。二カ月に一回。金曜日、十七時半〜二十一時。
（2）「郡評」は〝ぐんぴょう〟。和名では〝こほり〟か。ただし官職名は「郡司」と「評督」といったように、長官名も、共通ではない。
（3）井上氏の坂本先生に対する敬意と、自家の立論への信念とが見事に両立している。この点、若い研究者に熟読してほしい。
（4）ただ、白村江の戦以後は、筑紫を中心にして、唐の駐留軍がいた（この点、別に詳述）。
（5）『市民の古代』第十四集（新泉社、一九九一）。
（6）〝クメハヅ〟か。
（7）藤原宮木簡には「辛卯年十月尾治国知多評」（持統五年か）とある。
（8）Tennology（テンノロジー）。
（9）「太宰一人。周の武王の時、周公旦、始めて之に居り、邦治を掌《つかさ》どる」（宋書、百宮志）
（10）天子の御殿。（「紫」は天帝の座の紫微垣〈しびえん〉、「宸」は帝居の意）
（11）古代、天皇が政務を執り、または賀正・即位などの大礼を行なった正殿（殿内、中央に高御座〈たかみくら〉を置く）。
（12）「日本の国家形成の過程と皇室の恒久性に関する思想の由来」『日本上代史の研究』（津田左右吉著）所収、参照。

第六の扉　九州年号は実在した

続日本紀の九州年号

第六の扉は、九州年号の問題です。九州年号という名前は、江戸時代につけられた名称です。それをそのまま私が採用しただけのことですが、九州年号が実在したという証拠が、これまでに述べた論理から出てくるのです。

詔勅に残された年号

次の続日本紀にある聖武天皇神亀元年（七二四）冬十月の記事をご覧ください。

丁亥朔（一日）。治部省、奏言すらく、京及び諸国僧尼の名籍を勘検するに、或は入道の元由、披陳明らかならず、或は綱帳を存すれども、還りて官籍に落つ。或は形貌黶《ほくろ》を誌《しる》して相当らざるもの、惣《すべ》て一千一百廿二人、格式に准量して公験を給ふ合《べ》けれども、処分を知らず。伏して天裁を聴くと。詔報して曰く「白鳳以来、朱雀以前、年代玄遠にして尋問明らめ難し。亦所司の記注、多く粗略有り。一に見名《げんみょう》を定めて仍《よ》りて公験を給へ」と。

こういう治部省の言葉に対して、問題は聖武天皇の詔勅による答えです。

詔報していわく、白鳳以来、朱雀以前、年代玄遠して、尋問明らめなりがたし、また所司の記注、多く粗略あり、一に見名《げんみょう》を定めて、よって公験を給へと。

これはどういうことかと申しますと、

白鳳以来、朱雀以前、そんなことといろいろ地方からいってきているが、このようなものはだいぶ年代がたっていて、よくわからない。だから、以後はもうこんな言い方を認めるな。また従来の公的記録も不十分だから、新たに公的登録をさせて確定せよ。

という詔勅なのです。

武彦少言⑾

明治以後に教育をうけた人と、江戸時代以前に教育をうけた人と、両者には、大きなちがいがある。前者は「九州年号」のことを知らない。後者は知っている。

もちろん、すべての人が、というわけではないけれど、江戸時代の寺子屋で、歴史の好きなお師匠さんなら、「異年号」「古代年号」「九州年号」の講釈を語って聞かせた人も、少なくなかったであろう。それが、明治以後なくなった。いや、明治のはじめにはあった。寺子屋のお師匠さんなど集めて講習した記録に入っている。それがなくなった。

なぜか。もちろん、学問的論争で結着がついたのではない。ここでも、政治的に「結着」が押しつけられたのだ。明治以降の歴史教育のゆがみ。それが一番端的に現われている。要するに、「皇国史観」にとって都合が悪かったのだ。

その〝都合の悪さ〟を、戦後史学もひきついだ。だから、敗戦後の教科書にも、「九州年号」はけっして現われないのである。

「白鳳」と「朱雀」

この記事において問題があるのは、白鳳や朱雀という年号です。日本書紀のどこにもこんな年号はありません。七世紀の年号は三つで、大化、白雉、朱鳥の三つのみです。大化と白雉が孝徳天皇の前半と後半になっていて、朱鳥が天武天皇の末年になっています。日本書紀を見るかぎり、白鳳、朱雀という年号が制定された記事はまったくないのです。にもかかわらず、聖武天皇の詔勅に出てくる。とすると、第五の扉で述べた私の命題に基づくと、どのように考えられるのでしょう。

その年号を制定したという記事がないのに、そういう年号があり、それを地方で時の基準尺に使って、この時代以来こうしてきたから私の権利を認めてほしいとか、そういう泣き言をいってくる。しかもう相手にするな、といっているわけです(1)。

当然年号というのは自然発生ではなくて権力者が制定するものです。しかも一つや二つだけ制定するということはないわけで、年号が連続していなければ基準尺には使えないわけです。だから、白鳳と朱雀を含む連続年号が存在していた、と考えざるをえない。さらに、では誰がその年号を制定したのか。それは近畿の天皇家以外の権力者である。すなわち九州王朝ではなかろうか。というのが私の考えるところであります。

このように考えた学者はいままでいなかった。私が九州年号ということをいい出しても、あまり相手にされないということで、これまでほとんど論争をしたことがないのです。所功《ところいさお》さんがただお一人、いままでに反論してくださいました。

そして本年二月、年号の研究をされている丸山晋司さんが『古代逸年号の謎――古写本『九州年号』の原像を求めて』（アイピーシー刊）という本を出され、新しい反論を展開しておられます。

なお、九州年号についての私の考え方は、『法隆寺の中の九州王朝』（『古代は輝いていた』Ⅲ、朝日文庫／ミネルヴァ書房）の第一部第四章「九州年号」に詳しく述べてあります。関心のある方は、お読みいただければ幸いです。(2)

九州年号が記された最古史料

平安時代に書かれた『二中歴』の原本

次いで、九州年号を記載した最古の古写本『二中歴』について、簡明に述べさせていただきます。

この古写本は、現在、東京の渋谷に近い、東大教養学部裏の、前田尊経閣文庫(3)の所蔵です。同文庫で作製した「古写本二中歴解説」によると、「掌中歴」「懐中歴」の二書を基として編集されたため、この名がつけられた。この古写本の成立は、後醍醐天皇を「今上」と書いている点などから正中（一三二四

〜二二六）嘉歴（一三二六〜二九）のころの書写であろうと論定しています。

ただ、これは「古写本」そのものの成立期であり、その内実をなす「掌中歴」と「懐中歴」は共に、平安時代の著作であり、前者は三善為康の撰、後者は三善為康抄とされています。

『二中歴』の中の「人代歴」に、次の一文があります。


今案ずるに、神武天皇□（一字不明）堀川院以前、凡そ千七百五十九年。


「今案ずるに」といって、堀川（堀河）天皇（一〇八六〜一一〇七）時点を「起算点」としています。この「今」が十一世紀末から十二世紀初頭であることがわかります。

さらに、細かくつめれば、神武即位年（BC六六〇。皇暦）から一七五九年、というのですから、康和元年（一〇九九）を「今」と称していることとなりましょう。十一世紀末、これは確かに「堀川天皇」の治政です。

この文面から見れば、『二中歴』の内実は、この「一〇九九以前」となりましょう。

この点、この『二中歴』所載の「九州年号」は、他のいかなる、「九州年号（古代年号）」所載の文献より、〝さかのぼる〟最古史料であること、それをいままで否定しえた人はありません。

武彦少言⑿

私が旧制広島高校の一年生だったとき、心の底に焼き付けられた言葉があります。

「論理の導くところへ行こうではないか。たとえそれがいずこに到ろうとも。――ソクラテス――」
「道義」（「倫理」が戦争中に改称）の時間に、岡田甫《はじめ》先生が黒板いっぱいに書いてくださった言葉です。ソクラテスそのものの言葉にはないようですが、ソクラテスの思想の趣旨を要約されたものでしょう。

そのときの先生の説明、それは、この言葉の肝心の点は、後半にある、という一点だけでした。この言葉は、私の生涯を導いています。私の学問を、ひと言でつきつめれば、この言葉になります。あるいは親鸞、あるいは三国志、あるいは隋書、あるいは旧唐書。そしてこの九州年号。もし私がこの言葉といっしょに、まっさかさまに奈落へと転落したとしても、私は本望です。十六歳のとき、この耳で聞いた言葉にしたがいきったのですから。

古事記の古写本よりも古い

論者がもしこの『二中歴』所載の「九州年号」をもって〝後代形〟として片づけようとするなら、ことは簡単です。この『二中歴』以前にさかのぼる古写本、古文書の中から、別形の「九州年号（古代年号）」をあげればいいのです。

それなしに、他の古文書（たとえば、「一二六五年前後成立」という『本朝皇代記』〈宮内庁所蔵。高野山金剛峯寺古本の写本〉）と比較し、

「大長九年（七〇〇）より数百年隔てたのちの古代年号群史料のなかでの、この程度の成立年の違いをもってしては、史料の優劣がつけられるものとは思えない」（前掲、丸山晋司氏著述。二九〇ページ）

という論法では、残念ながら、史料批判上の道理にかなっているとはいえないように思います。

なぜなら、この論法が使えるとしたら、古事記について「南北朝（応安四～五年、一三七一～二）成立

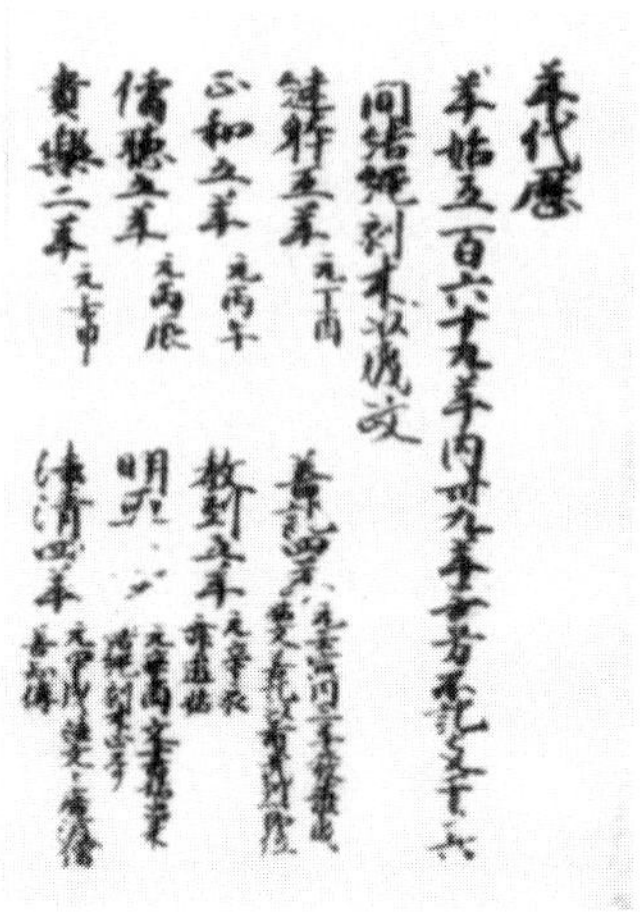

『二中歴』。「継体（躰）五年」の文字がみられる。

の真福寺本も、永徳元年（一三八一）の道果本（上巻の前半）や応永三十一年（一四二四）の道祥本（伊勢本）や応永三十三年の春瑜本（伊勢一本）はもとより、大永二年（一五二二）の前田家本や室町時代（一三九三―一五七三）書写の猪熊本と比しても、原本（古事記）成立の「七一二」時点から見れば、やはり、

「この程度の成立年の違いをもってしては、……思えない」

ということになるのではないでしょうか。

しかし、史料批判の厳密性から見れば、やはり『二中歴』所載の「九州年号」をもって、問題考察の「原点」におかねばならぬ。これが私の立場です。私の史料批判の根本原則です。ですから、私は私自身が（『失われた九州王朝』や『古代は輝いていた』第三巻で）公示してきたところを[4]（残念ながら）あえて否定し、この『二中歴』型に立ち帰らざるをえなかったのです。

それは「継体」に始まり「大化」に終わるものです。

丸山晋司さんの右掲書は、すばらしい市民の研究書、貴重な収穫です。それだけに改めて十二分に私の「九州年号」研究を深めた上で、批評させていただきたいと思っているのですが、その出発点のみ述べさせていただきました。

いま、これを述べてきて、新たに気づいたことがあります。「九州年号（古代年号）」の〝出現最古写

本〟は、鎌倉期末（内実は平安時代）であり、「古事記」の〝出現最古写本〟（真福寺）より古い、という事実です。

それなのに、「古事記」に対しては、疑わず信憑しながら、他方の「九州年号（古代年号）」に対しては、かたくなにその信憑性をこばんできた。——従来の日本の書誌学や古典観のイデオロギー的偏向性に、あらためて深く驚かざるをえません。

「九州年号（古代年号）」の〝原型確定〟問題も、学問的に有意義ながら、それ以上に必要不可欠のもの、それはこの年号群の実在性の学問的確定ではありますまいか。それはすなわち、まぎれもない九州王朝の実在の証明なのですから。

（この項は、立川・朝日カルチャーでは、時間の関係で述べられず、後日追記しました(5)）

注

（1）「白鳳＝白雉」「朱雀＝朱鳥」という〝併合〟で、この問題を解決しようとされた論文に、坂本太郎「白鳳朱雀年号考」『日本古代史の基礎的研究　下』（東京大学出版会刊）所収、がある。

（2）『神武歌謡は生きかえった』（古田武彦と古代史を研究する会編、新泉社刊）参照。

（3）加賀の前田侯（百万石で有名）の蔵書などを収める。

（4）『二中歴』以外の「九州年号」は、「善記（善化）」ではじまるなど異同がある。

（5）『二中歴』と後代年表の関係については、『神武歌謡は生きかえった』（新泉社刊）参照。

《「六倍年暦」と中国の暦》

第Ⅱ部の講演後、立川幸徳さんという青年が、暦についての質問を出されました。その質問とは、

「中国も本来、六倍年暦を使用していたのではないか」

というものです。この件について、まずお答えしておきたいと思います。

第Ⅱ部でお話したテーマの一つに、郡評論争がありました。その資料として使った続日本紀の記事の中に、干支《えと》が日にちを示すのに用いられていたのです。言うまでもなく干支とは、甲乙丙丁という十干と、子丑寅という十二支を組み合わせて、六十日を一単位としています。

それを日にちでやっていたとすると、還暦というような年を示すよりも、本来そちらのほうが古いのではないか。そうすると、一年は三六五日、六十日を一周期とすれば一年に六周期があることになる。すなわち、六倍年暦が成立するのではないか、というのが立川さんのご趣旨でした。

その質問を受けた私は、即座に、あれは十干と十二支を組み合わせたものですから、そのほうが古いでしょうとお答えしたわけです。

ところが、あとでよく考えてみましたら、私の考えよりも、立川さんの考えのほうが正しいのではないかと思われるのです。十干と十二支を組み合わせた場合、必ず六十になるというものでもありません。組み合わせ方が結構ややこしく、逆の可能性もあるのです。ということは、六十をもって一単位とすることが初めに決まっていて、それを表現すべく、十干と十二支を組み合わせて六十組を作り上げた、という可能性もあるわけです。どういう組み合わせになっているか、『東方年表』（京都・平楽寺書店刊）と

いう便利な暦が出ていますから、皆さんも一度やってみてください。

立川さんの言われるように、初めに六十ありき、とすると、赤道近辺の乙姫様の国では五世紀段階においても、なおかつ六倍年暦であった。そして、中国でも六倍年暦を使用していた時代があった、という可能性も出てくるのです。この点をさらに追究していくと、中国文明の意外な起源が明らかになっていくかもしれません。(1)

私は、日本の古代史にせよ、中国の古代史にせよ、真相の解明はまだまだこれからだと思っております。といいますのは、いま私たちの目の前にある歴史像は、史記・漢書など中国の正史を信用するという前提に立ったものにすぎないからです。史記・漢書が優れた歴史書であることはいうに及びませんが、重大な欠陥もあります。中国以前・中国以外の文明を切り捨てて、中国を中心に歴史は展開したのだとする、中華思想のようなものが基底にあることはまちがいありません。この点は、今後の課題とさせていただきたいと思います。

注

(1) 中国の金属器文明（夏、殷、周以降）は、その先行二文明圏（東の貝文明圏と西の玉文明圏）から負うところが大きいようである。暦の問題も、これにかかわりがあるかもしれぬ。

Ⅲ 《日本史書》の扉をひらく

第七の扉　神武天皇はどこから来たか

神武天皇の東行はあった

リアルな神武の大阪湾侵入

それでは、第Ⅲ部に入ります。これまでは、国外史料とりわけ中国の歴史書を分析してきましたが、第Ⅲ部は国内資料に基づいたものです。

すでに確認したように、中国の歴史書は中国内部の記述については問題があるが、隣国（たとえば日本列島）の記述については、その真偽に問題はない。史記・漢書・三国志などの歴史書では、天子の来歴については美化し絶対化して記述が行なわれているから、それは信用できない面がある。しかし、同時代の倭国に行って見聞した記事は、中国の天子の正当性に関係がないので信用できる。そういう資料批判の基本を、あらためて確認しておきましょう。

では、一方、同様の視点で国内資料を見るとどうなるのか。古事記・日本書紀は、近畿の天皇家すなわち大和朝廷が、自分を美化し正当化するために作った歴史書ですから、そのすべてを信用することはできない。中国側の歴史書と照合すると矛盾が生ずる記述も多いわけです。

ということで、国内資料に現われる三つの大きな矛盾点、問題点についてお話を進めてまいります。まず最初は、昨年（一九九二）来、私が夢中になっているテーマ、神武天皇はどこから近畿へ侵入したか、というものです。

もちろん、神武天皇を論じるに際しては、このテーマ以前に、神武天皇は実在か架空か、という問題があります。戦後の歴史学においては、神武天皇架空説が絶対視されており、したがって日本史の教科書にも神武天皇は登場しておりません。「邪馬台国」については、私の提唱する邪馬壹国という説もある、との説明がついた教科書も出ています。しかし、神武天皇に関しては「実在説もある」との説明の記された教科書はありません。それほど、神武天皇架空説は不動のものとして定説化しているわけです。

ところが、神武天皇実在説を主張しているのが、実は私であります。(1)津田左右吉の記・紀造作説の一つのキーポイントにもなっている神武天皇架空説、これはまちがいであると、私は早くから述べてまいりました。昭和四十九年に出版した『盗まれた神話』（現在、角川文庫）で初めて表明し、その後も新しい論点で繰り返し述べております。そのうちもっとも強力な論点が、『ここに古代王朝ありき』（朝日新聞社刊）で詳しく述べた、神武天皇の大阪湾侵入譚です。（いずれも、ミネルヴァ書房より復刊）

九州を出発して東征した神武天皇が大阪湾へ侵入した経路を調べてみると、意外にも、弥生時代末から古墳時代初期の近畿地方の地形にぴったり合致していることを発見したのです。それにはポイントが二つあります。

第一は、古事記による、神武天皇が「日下《くさか》の蓼津《たでつ》」というところまで船で入ってきて、那賀須泥毘古《ながすねびこ》の軍と戦ったという話における、「日下の蓼津」の所在地の問題です。ちなみに、日本書紀では「草香津、盾津、蓼津」と表記。現在の私たちが知っている近畿の地形にもとづくと、日下の蓼津は大阪府と奈良県の境にあたり、とうてい船で侵入できるところではない。よって、神武天皇の話はウソだ、としたわけです。『古事記伝』を書いた江戸時代の国学者・本居宣長《もとおりのりなが》は、この点の解釈には相当苦労したようです。

第二のポイントについては、古事記の次の記事をご覧ください。

　五瀬命《いつせのみこと》、御手に登美毘古《とみびこ》が痛矢串《いたやぐし》を負ひたまひき。……南方より廻幸するの時、血沼海《ちぬのうみ》に到り、其の御手の血を洗ふ。故、血沼海と謂《い》ふなり。

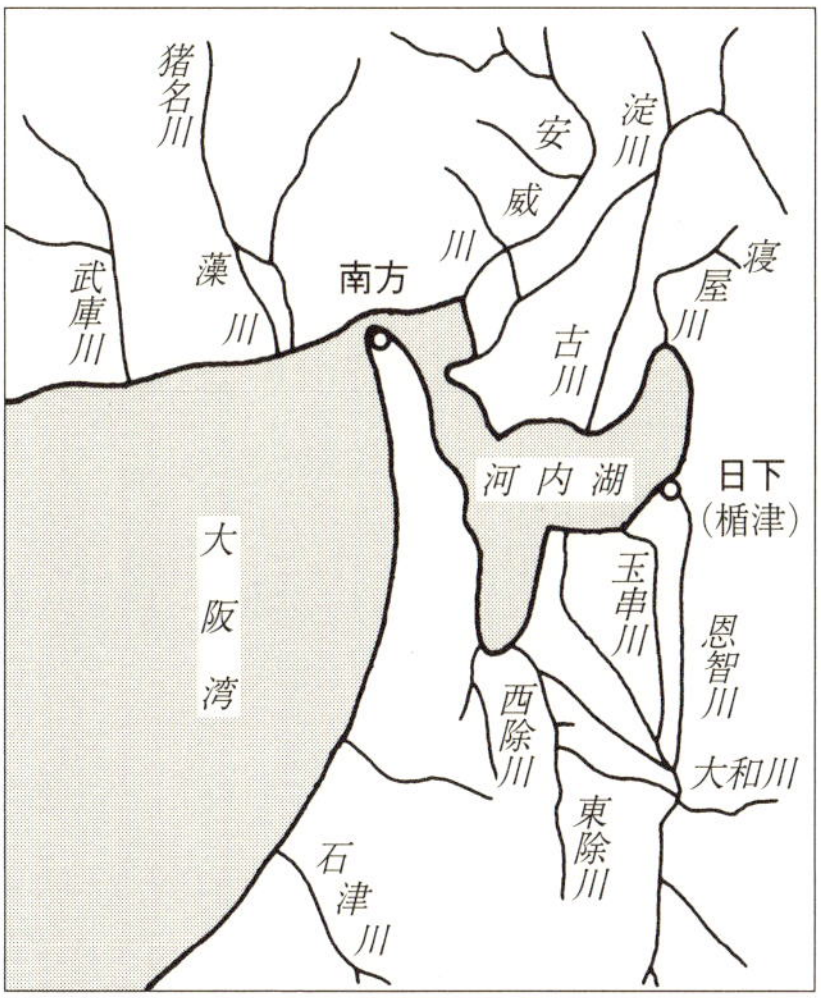

古代の大阪湾と河内湖
（『大阪府誌』を参考に作図）

ここには、神武天皇の兄で総司令官だった五瀬命が、日下の蓼津の戦いに敗北して神武ともども逃走する経路として、「南方」という言葉が記されています。日下の蓼津まで船で行くのもたいへんなのに、さらにそこから南の方角に逃げるというのもなんのことだかわからない。

ところが、弥生時代末の地形を見ると、疑問が氷解するのです。上の地図を参照してください。

『大阪府誌』第一巻の中に載っているこの復元地図によると、現在の大阪湾の奥に、河内湾(2)と仮に学者が名づけた湾があります。その二つの湾を画する半島のような地形が、現在の大阪城のある上町台地という丘陵部にあたります。その突端部分がわずかに途切れて、二つの湾をつなぐ水路となっています。したがって、河内湾には海水が入っていたことになります。さらにこの半島は、現在、朝日新聞社大阪本社のある中之島のように洲になっており、かつてはいくつも突っきって行けるような箇所があったのです。神武天皇の軍勢もここを船で突っきって侵入したと考えると、ちょうどその先に日下の蓼津があり、脈絡が合うのです。したがって、神武天皇が日下の蓼津に上陸したという説話が弥生時代末のものとすれば、非常にリアリティがあるということがおわかりいただけると思います。

「南方の論証」

ところで、私がその地図を見た時、たいへん驚いたことがあります。もう一度、先の地図をご覧ください。二つの湾を画する半島の突端に、わずかに水路ができています。神武天皇の軍勢が敗走する時は、この水路を通って逃げるしか方法はないのです。なぜかというと、洲を通って侵攻する際は船を引っ張ったりすることも可能だったでしょうが、敗走する時は相手の軍勢が追いかけてきますから、そんな余裕はありません。当然、水路を逃げるしか術はないのです。実は、その水路に面した半島の突端が「南方《みなみかた》」なのです（3）。ここは現在、東海道新幹線の新大阪駅のあるところです。つまり、「南方」は地名、しかも二十世紀の現代に残っている弥生時代の地名だったのです。

古代の大阪湾の地形を知らなかった本居宣長が「南方」の解釈に苦心したのも、無理もありません。しかしいま、弥生時代の地形を明らかにしてみれば、まさしく古事記に書かれていた「南方より廻幸」の記述が、きわめてリアルな表現であることが証明されたのです。これを私は、「南方の論証」と名づけております。

そしてさらに重要な点は、この説話はけっして六世紀以降の近畿天皇家の史官がでっち上げられるような内容ではない、ということです。なぜなら、六世紀においては、このような地形ではなかった。すでに南方の水路には土砂が堆積して閉じられて、河内湾は河内湖となったあとだったのです。現在の大阪市の北に梅田という街がありますが、この地名は「埋める田」の意味なのです(4)。同じようにして、南方も埋まったのです。本居宣長の時代は、もちろん埋められたあとでした。宣長の知る土地勘からは知るすべもなかったのです。しかし彼はまじめに悩みました。津田左右吉になると、解釈をまじめに苦しむことすらせず、記・紀の記述に矛盾があると、それを一刀両断のもとに切り捨ててしまったわけです。

現代の考古学・地理学のおかげで、弥生時代末の地形が古事記の描写と一致した。その結果、神武天皇の大阪湾侵入は六世紀の近畿天皇家の史官のでっちあげではない。そして必然的に、神武天皇もまた架空にあらず、神武天皇は実在した、こう考えるのがあたり前ではないでしょうか。

この論証に対して批判した古代史の学者はまだ現われておりません。と同時に、教科書では相変わらず神武架空説のままです。こうした学界の状況は非常に不健全であります。しかし、事実は事実として認める、という私の立場は今後も不動のものであります。

手勢は久米集団だけ

いままで申し上げたことは、私にとって決着済みなのですが、ここでお話する新しい問題は、神武天皇はどこから出発したのか、ということです。

いうまでもなく神武天皇は九州からやって来たのですが、その出発地については、私はこれまで『盗まれた神話』などにおいて、日向の国すなわち宮崎県が出発地であったと解釈してきました。ところが、昨年五月ごろから、どうもこの考えはおかしいと気づきはじめたのです。そう気づきはじめたきっかけが、神武天皇の歌だったのです。

古事記・日本書紀には、神武天皇の歌がたくさん載っていますが、戦後の歴史家はもちろん、国文学者もこれらの歌は偽作であると見なしているのが現状です。

戦時中のことですが、少年時代の私は、学校などでずいぶん神武天皇の歌を歌わせられたものです。たとえば、その当時、「撃ちてし止まむ」(5)という言葉がよくいわれました。その言葉の出典となったのも、神武天皇の歌でした。古事記に現われた歌を、いくつか見てみましょう。

①忍坂《おさか》の　大室屋《おほむろや》に　人多《ひとさは》に　来入《きい》り居《を》り　人多に　入り居りとも　みつみつし　久米《くめ》の子が　頭椎《くぶつつい》　石椎《いしつつい》もち　撃ちてし止《や》まむ　みつみつし　久米の子等《ら》　頭椎　石椎もち　今撃たば良《よ》らし

②みつみつし　久米の子等が　粟生《あはふ》には　韮一茎《かみらひともと》　そねが茎《もと》　そね芽繫《めつな》ぎて　撃ちてし止まむ

③みつみつし　久米の子等が　垣下《かきもと》に　植ゑし　椒《はじかみ》　口《くち》ひひく　吾《われ》は忘れじ　撃ちてし止まむ

④神風《かむかぜ》の　伊勢の海の　大石《おひし》に　這《は》ひ廻《もとほ》ろふ　細螺《しただみ》の　い這ひ廻《もとほ》り　撃ちてし止まむ

このように、「撃ちてし止まむ」という言葉が最後に繰り返し出てきています。と同時に、①②③の歌には、「久米の子等」という言葉も出てきています。これはなんなのか、不思議です。それらの歌の次には、こういう歌も出ています。

楯並《たてな》めて　伊那佐《いなさ》の山の　樹の間よも　い行きまもらひ　戦へば　吾はや飢《え》ぬ　島《しま》つ鳥《どり》　鵜養《うかひ》が伴《とも》
今助けに来ね

「伊那佐」というのは、奈良県、大和宇陀《うだ》郡の地名です。この歌は、その地で戦っていて腹が減ったので早く助けにきてくれ、という内容です。「鵜養が伴」の伴とは部族で、一つの集団の名称が出ているわけです。枕詞の「島つ鳥」の島は、私の理解では固有名詞の地名であろうと考えています。(6) この「鵜養が伴」の歌を除けば（この点、改めて論じます）、呼びかけているのは、「久米の子等」だけ、ほかにありません。こういった基本データがまずあるわけです。

このデータを見つめていますと、従来の説は具合が悪いことがわかります。従来の説とは、ひとつは戦前の皇国史観、もうひとつは戦前戦後の津田左右吉の造作説です。

皇国史観では、どこが具合が悪いのか。皇国史観によると、神武天皇は宮崎県に置いていた都を奈良へ移転させたことになっています。中心の権力者が宮崎県から奈良県へ遷都した、すなわち「神武東遷」です。もし東遷したのであれば、当然、いろんな部族を引き連れていったはずです。にもかかわらず、呼びかけるのが「久米の子等」だけというのは、ちょっとおかしいのではないでしょうか。

次に、津田の造作説はどうか。記・紀の話は、六世紀以後の近畿天皇家の史官のでっち上げとする津田のほうがもっと困るのです。というのは、でっちあげを行なったとする七、八世紀の時代には、当然、久米部（久米の伴〈とも〉）のほかにも蘇我氏や中臣氏など有力な部族がいたわけです。したがって、神武天皇がこうした部族には目もくれないで久米部だけに呼びかける、というようなウソっぽい話をわざわざ作り上げるのはとてもありうる話ではない。どうせ作り上げるのなら、なぜ他の部族も呼びかけなかったのか、といいたくなります。こうして、皇国史観、津田の造作説ともに具合が悪いとなると、どのような解釈がよいのか。

私には、その答えはただ一つしかない、そう考えます。すなわち、神武天皇——むろんこれは後代の名前で、当時は倭名だったでしょう——が率いていたのは久米集団だけだった、という仮説です。

神武[7]は久米集団のみを手勢にして近畿攻略をめざした。いったんは、堂々と大阪湾に侵入したが一蹴された。兵をまとめ直した神武は熊野からゲリラ戦に転じ、山に囲まれているがゆえに警戒がおろそかになっていた大和を背後から攻略するのに成功した。そして今度は逆に、取り囲む山々を軍事的防衛線に使い、崇神の時代にいたって銅鐸文明を滅ぼした……。このように、神武天皇が率いたのは久米集団だけだった、という仮説を導入すると、この文脈は非常に明快になるのがご理解いただけると思います。

筑紫にあった高千穂の峯

では、この久米集団とは、もともとどこにいたのでしょうか。久米という地名はあちこちにありますが、島という地名をともなうのは福岡県の志摩郡（糸島は怡土《いと》郡と志摩郡）の中の久米だけです。したがって、ここが久米氏の住地であったのです。と同時に、ここがまた神武天皇の出発地だったのではないか、という問題に到達したのです。次ページに糸島郡周辺の地図を掲載してあります。その中の◎がついているところが、久米です。

ただし、この仮説は、「久米」の一本槍でまっしぐらに到達できた結論であるが故に、一面すっきりしているが、反面それだけあぶないわけです。

この方法に対して、文献解読の論理から、この新しい仮説が正しいという裏づけを得ることができました。本来、こちらのほうがもっと早く気がついていなければいけなかったのですが、それはともかく、次の古事記の「天孫降臨」記事を見てください。

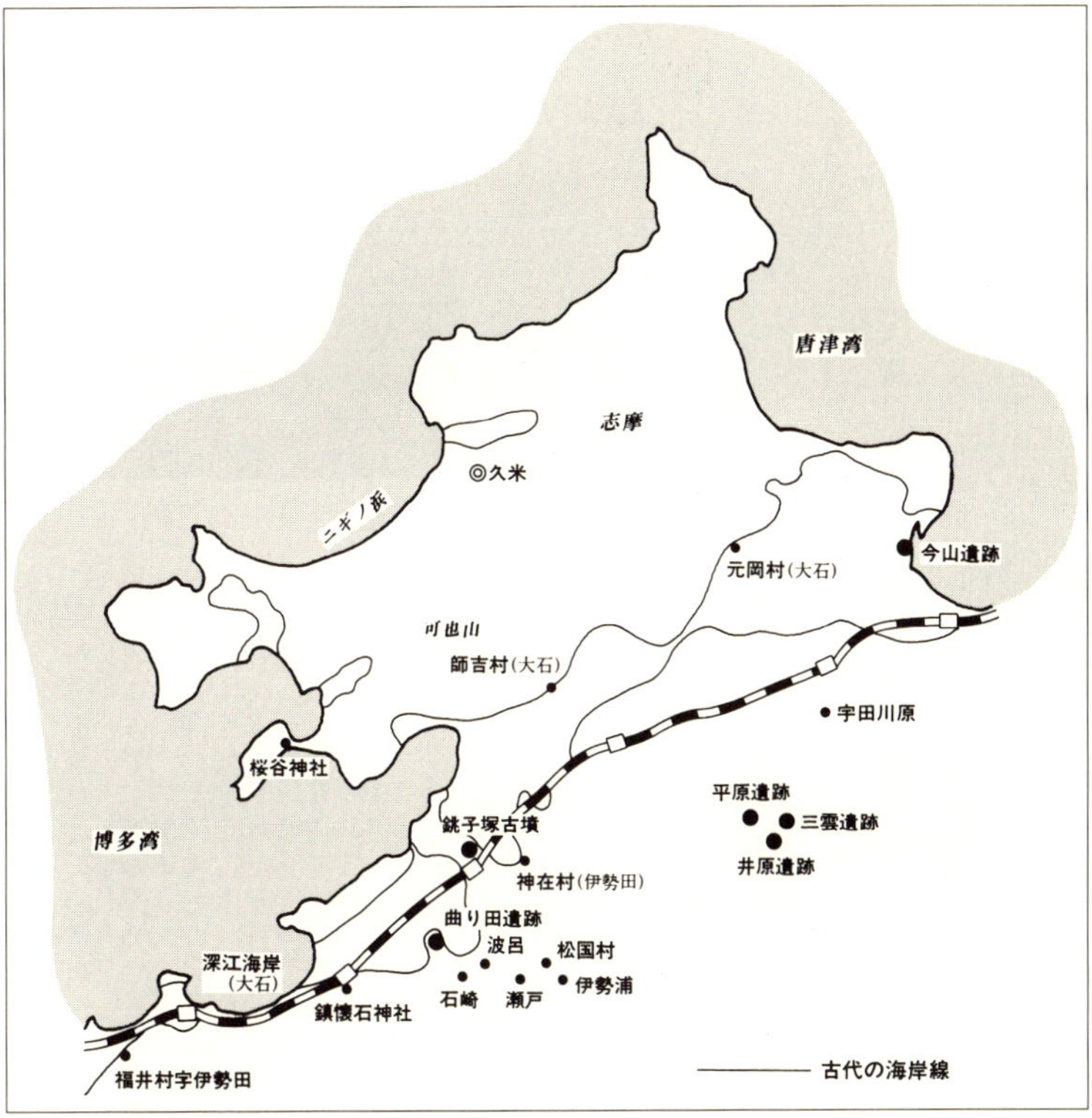

糸島郡周辺図（『図説日本の古代３』中央公論社，等を参考に作図）

可也山の頂上から

故ここに天津日子番能邇邇藝命《あまつひこほのににぎのみこと》に詔りたまひて、天《あま》の石位《いはくら》を離《はな》れ、天の八重《やへ》たな雲を押し分けて、稜威《いつ》の道別《ちわ》き道別《ちわ》きて、天の浮橋にうきじまり、そり立たてして、竺紫《ぢくし》の日向《ひなた》の高千穂《たかちほ》のくじふる峯《たけ》に天降りまさしめき。故ここに天忍日命《あめのおしひのみこと》、天津久米命《あまつくめのみこと》の二人、天の石靫《いはゆぎ》を取り負ひ、頭椎《くぶつち》の大刀《たち》を取り佩《は》き、天の波士《はじ》弓を取り持ち、天の真鹿《まか》児《こ》矢を手挾《たばさ》み、御前《みさき》に立ちて仕へ奉りき。故、その天忍日命、こは大伴連等の祖。天津久米命、こは久米連等の祖なり。

ここに詔りたまひしく、「此地《ここ》は韓国《からくに》に向ひ、笠沙《かささ》の御《み》前《さき》を真来通《まきとほ》りて、朝日の直刺《たださ》す国、夕日の日照る国なり。故、此地《ここ》は甚吉《いとよ》き地《ところ》。」と詔りたまひて、底つ石根に宮柱ふとしり、高天の原に氷椽《ひぎ》たかしりて坐《ま》しき。

この記事の中に、「竺紫《ちくし》の日向《ひなた》の高千穂のくじふる峯《たけ》」という地名があります。竺紫は筑紫、日向は福岡市の西方、糸島郡にいたる日向峠、高千穂は高く突出したという形容詞、くじふる峯は福岡市と糸島郡の間にある高祖《たかす》山連峰の中のクシフル峯、と私はそれぞれ比定しました。つまり、高祖山連峰の中にあるくじふる峯と日向峠、そこに天降ったと理解したわけです。

そのような理解を前提にして考えを進めてみます。古事記では天孫降臨のあとに神武天皇の東行記事がありますから、次に記す東行記事の日向は、先に記した「竺紫の日向の高千穂のくじふる峯」を受けて使われている、と考えなければなりません。

　神倭伊波礼毘古命《かむやまといはれびこのみこと》、その同母兄《いろせ》五瀬命と二柱、高千穂宮《たかちほのみや》に坐《ま》して議《はか》りて云《の》りたまひけらく、「何地《いづこ》に坐《ま》さば、平らけく天《あめ》の下《した》の政《まつりごと》を聞《き》こしめさむ。なほ東《ひむがし》に行かむ。」とのりたまひて、すなはち日向《ひなた》より発《た》たして筑紫に幸行《い》でましき。故《かれ》、豊《とよ》国の宇沙《うさ》に到りましし時、その土人《くにびと》、名は宇沙《うさ》都比古《つひこ》、宇沙都比売《うさつひめ》の二人、足一騰宮《あしひとあがりのみや》を作りて、大御饗《おほみあへ》献りき。其地《そこ》より遷《う》移《つ》りまして、竺紫《ちくし》の岡《をか》田宮《だのみや》に一年《ひととせ》坐《ま》しき。またその国より上《のぼ》り幸《い》でまして、阿岐《あき》国の多祁理《たけり》宮に七年《ななとせ》坐しき。またその国より遷り上り幸《い》でまして、吉備《きび》の高島宮に八年《やとせ》坐しき。故、その国より上り幸でましし時、亀の甲《せ》に乗りて、釣《つり》しつつ打ち羽挙《はぶ》き来《く》る人、速吸門《はやすひのと》に遇《あ》ひき。

この二つの記事をあわせると、神武天皇は「竺紫の日向」より出発して「筑紫に幸行」した、すなわち、博多湾岸の太宰府のほうへ行ったと読むのが筋である。では、この場合、「竺紫」と「筑紫」の関係はどう考えればよいのか、という問題に行き着きます。私は、こう考えたのです。筑紫国の中に筑紫郡があり、筑紫村、大字筑紫、小字筑紫がある[8]。つまり、国レベル・郡レベル・村レベル・大字小字レベルで、筑紫という名称があるのではないか。だから、「日向」を大字レベルとするならば、次の「筑紫」もまた大字レベルでなければならない、ということです。国レベルでは「竺紫」と書き、大字レベルでは「筑紫」と書いている、ということになります。この点、あらためて詳しく述べることにし、いまは触れません。

平原遺跡（福岡県糸島郡平原町）

昨年（一九九一）の六月に出版した『九州王朝の歴史学』（ミネルヴァ書房、二〇一三復刊）の中の第六篇に、「歴史学の成立」という論文を書きました。この論文で採った方法論に立てば、右の論考は当然のことであったわけです。

糸島郡に成立した「シュリーマンの原則」

同じく古事記の「火遠理命《ほおりのみこと》」の記事のあとに、

故、日子穂穂手見命《ひこほほでみのみこと》は、高千穂の宮に五百八十歳坐しき。御陵はすなはちその高千穂の山の西にあり。

と書かれていますが、この高千穂の所在地については悩みました。結論は、この記事の前に天孫降臨の記事があるところから、この高千穂とは「竺紫の日向の高千穂」と取るべきである、ということになりました。現在のどの地かといいますと、やはり、福岡市と糸島郡の間の高祖山連峰のことを指している、と考えたのです。

では、その「御陵」とはいまどこにあるのか。高祖山連峰の西は糸島郡です。その糸島郡前原《まえばる》町には、三雲《みくも》遺跡、井原《いわら》遺跡、平原《ひらばる》遺跡という、三種の神器を出土する豪華な王墓が三つも存在しているのです。「一つの遺品・遺跡が出てくれれば、その五倍から十倍は実在した」という森浩一さんの提言を、私は「森の定理」と呼んでおります。その「森の定理」にもとづけば、糸島郡地域には、それと同類の王墓がまだ十五から三十も地下に眠っていることになります。その王墓のいずれも、代々の日子穂穂手見命たちの「御陵」なのです。

私の名づけた「シュリーマンの原則」、すなわち神話的叙述と考古学的出土事実の一致をみたわけです。「シュリーマンの原則」はトロイの遺跡が出土したトルコにおいてのみ妥当するのではなく、この日本列島においてもまた妥当しなければならない、というのが先にお話した「歴史学の成立」という論文の結論でした。糸島郡においても見事に「シュリーマンの原則」は成立したわけであります。(9)

分国を求めてさまよう神武

先に引用した「神武東行」の記事の中に、
何地《いづこ》に坐《ま》さば、平らけく天《あめ》の下《した》の政を聞こしめさむ。

という神武天皇の言葉があります。「天の下」というのが、分国を指す単語であることは私がすでに書いていていました。しかし、それがここにおいても適応することを、昨年八月の「シンポジウム『邪馬台国』徹底論争」の会場で外岡さんという方に指摘されました。

「天の下」を本居宣長は「天下《てんか》」と中国風に解釈しているが、そうではないのではないか。天国《あまくに》を原点として、そこからよそへ行くことを天下《あまくだ》るという。天下っていって自分の勢力圏として確保した地域、そこが「天の下」ではないか。つまり、この天下るは、実は「分国支配」を意味する言葉である。したがって、宣長の解釈を踏襲し、神武天皇が天下を統治した事実はないから、これは「造作」つまり作り話だといっている津田左右吉の解釈の基本もまたまちがっていたのではないだろうか。

こういう趣旨の指摘を外岡さんからいただいた結果、謎がひとつ解けました。

神武天皇は、糸島郡・博多湾岸あたりではもうだめなので、どこか東のほうで自分たちの勢力圏を造ろうとして出発した。初め大分県の宇佐へ行き歓待され、次になぜか福岡県遠賀《おんが》郡、筑紫《ちくし》の岡田宮へ行き、さらに阿岐《あき》国の多祁理《たけり》宮、吉備《きび》の高島宮へと移っていった。

「神武東行」の記事を見ますと、筑紫の岡田宮に一年、阿岐国の多祁理の宮に七年、吉備の高島の宮に八年いたとあります。この年数が二倍年暦として、それぞれ半年、三年半、四年と計算しましても、合計八年。これでは、神武の目的が大和侵攻だったとすると、途中で留まる期間があまりにも長すぎるのではないでしょうか。この謎は、これまでだれにも解けなかった。

この謎を解決したのが、外岡説なのです。いま申し上げたように、神武天皇が「分国支配」に出かけていったとの解釈に立てば、容易に理解できるわけです。

その地で確固たる勢力基盤が築ければ、二十年、三十年、いや一生その地にいたかったのかもしれません。しかし、在地の豪族からあまりよい土地を与えられることはなかったでしょうから、結局、干ばつにあったり、あるいは敵対勢力に悩まされたりして、短期間で他に移らざるをえなかった。それが、半年、三年半、四年という年数だったのです。

弥生期の鯨捕り歌

さて、話を神武天皇の歌にもどします。神武天皇の出発地が糸島郡であるという立場にたつと、神武の歌に関するこれまでの矛盾が次々に解消してきます。

たとえば、「神武東行」の記事の中の次の歌をご覧ください。

宇陀《うだ》の　高城《たかき》に　鴫罠張《しぎわな》る　我が待つや　鴫《しぎ》は障《さや》らず　いすくはし　くぢら障《さや》る　前妻《こなみ》が　肴乞《なこ》はさば　立柧棱《たちそば》の　身《み》の無《な》けくを　こきしひゑね　後妻《うはなり》が　肴乞《なこ》はさば、　柃《いちさかき》　の身《み》の多《おほ》けくを　こきだ

ひゑね　ええ　しやごしや　こはいのごふぞ　ああ　しやごしや　こさ嘲咲《あざわら》ふぞ

この中の「宇陀《うだ》」とは従来の解釈では、奈良県の宇陀とされています。また「くぢら」の解釈については、岩波文庫の古事記の脚注には、「鯨とも鷹（クチ）らとも解かれているが明らかでない」とあります。そのほか諸説がありますが、はっきりした解釈はありません。しかし、私は、この歌を次のように結論づけています。

この歌は、神武天皇たちが糸島地域で普段からうたっていた歌である。と言いますのも、まず「宇陀」という地名が糸島郡内にあるのです。先に示した地図（一二三ページ参照）を再度ご覧ください。現在は川のそばですが、弥生時代は海岸べりだったところに残る「宇田川原」という地名がそうです。そして、この海には鯨がやって来るのです。実際、朝鮮海峡から玄海灘にかけてはゴンドウクジラ[10]の生息地域でして、たまに、方向感覚を失った鯨が陸に揚がってきてしまうのです。イルカも同様にして揚がってきています。いまでも、唐津市内などでは鯨の骨を煮込んだものをお土産用に生産しています。

ですから、糸島のこの地域ならば、鴫を捕ろうとして仕掛けを置いていたら鯨が掛かったという話はきわめてリアルであります。海のない奈良県ではリアリティは得られません。

その歌の後半部分を見ると、ユーモアを交えながら、捕った鯨を分配しているところが詠まれています。一夫多妻制の時代、「前妻」＝年上の妻が鯨肉を欲したら、脂肪の少ない、身のついていない部分を分けてやれ、「後妻」＝年下の妻が欲したら、身の多い部分を分けてやれ、といっている。これは、鯨が捕れて大喜びし、また殺気だっている村人を長老が制し、ユーモラスに差配している姿を現わしているのです。漁村における鯨分配の歌と考えても、まったく不思議はありません。

実は、この歌もまた、津田が神武架空説の根拠の一つに挙げているものなのです。奈良県で鯨が捕れるはずがない、とくに後半部分にいたっては支離滅裂だ(11)、これを見ても神武天皇は架空であることがよくわかる、といっています。確かに、この歌が奈良県でうたわれたものとしたら、おかしな内容です。しかし、これが九州の糸島郡の歌だと理解すれば、弥生時代の日本人が鯨を捕っていたことを表現する、非常にリアリティの高い歌であることになります。この歌は、捕った鯨を村共同の所有とし、その分配時の雰囲気まで巧みに表現した、弥生の歌だったのです。

糸島郡にあった伊勢の海

さらに申し上げます。先にも挙げましたが、再度この歌を見てください。

神風の　伊勢の海の　大石《おひし》に　這《は》ひ廻《もとほ》ろふ　細螺《しただみ》の　い這ひ廻り　撃ちてし止まむ

ここに、「細螺《しただみ》」という小動物が出てきます。この細螺は海底をはいまわる習性があるのですが、そのようにわれわれも迂回して那賀須泥毘古をやっつけよう、といっているのです。それは、大阪湾にいったん突入し、そこから迂回して熊野から大和侵攻をめざした神武天皇らしい歌であります。ところが、従来の学者はこの歌に対する解釈にたいへん困っていたのです。

といいますのは、この歌の頭のほうに「伊勢の海の」とありますが、この「伊勢」を三重県の伊勢と解釈していたからです。ご存じのように、記・紀には神武天皇が三重県の伊勢に入ったという形跡はありません。したがって、これまでは苦し紛れに、書いてはいないがおそらく伊勢まで行ったのだろうとか、こんな矛盾した内容から見ても神武は架空だ、というふうに処理されていたのが現状でした。

ところが、なんと、糸島郡の中に「伊勢」があったのです。そのことを示唆してくださったのは朝日新聞の記者の内倉武久さんでした。内倉さんにいわれて調べてみましたら、松国村に伊勢浦という地名が残っていたのです。一二三ページの地図で、縄文水田遺構の曲り田遺跡のやや東のところです。弥生時代にはこのあたりまで海が来ていたのです。

さらに驚嘆したのは、伊勢浦の西、深江海岸に「大石」という字地名があるのです。大石という字はほかにも、曲り田遺跡の北、師吉村の大石、その東北の元岡村の大石がある。つまり、糸島郡には少なくとも合計三つの「大石」という字があるわけです。ということは、大石といっただけではどこの大石かわからない。だから、「伊勢の海の大石」といっているわけです。

従来、学者がこの歌の注釈をつける時は、まず大石は、たんに大きな石すなわちビッグ・ストーンの意味とした。そして、海に大きな石があって、そのまわりを細螺がはいまわっていると解釈してきたのです。それはまちがいであった。AのBというふうに連続する固有の地名だったのです。

それに続いて、実は、枕詞の「神風《かむかぜ》の」の「神風」もまた地名ではないか、という問題が出てきます。「かむかぜ」の濁音を清音にすると「かむかせ」、すなわち神ケ瀬となります。このように、「糸島説」に立った場合、このような解釈が成立してくるのであります。

さらに話を進めてまいります。日本書紀の神武天皇即位前紀戊午年十月の中に、

神風の　伊勢の海の　大石にや　い這《は》ひ廻《まわ》る　細螺《しただみ》の　細螺の　吾子《あご》よ　吾子よ　細螺の　い這ひ
廻り　撃ちてし止まむ　撃ちてし止まむ

という歌が載っています。この「吾子よ　吾子よ」を岩波日本古典文学体系の注釈では、「わが軍勢よ、

わが軍勢よ」と訳しています。たしかに、大和の中ではそうなりますが、糸島で見ると、面目が一変します。これは本来、はいまわっている細螺を見た母親が、自分の子供に「わが子よ、わが子よ」といって教えている歌なのです。同じく、もうひとつ、親が子供に教えている歌があります。この場合は、父親のようです。

今はよ　今はよ　ああしやを　今だにも　吾子よ　今だにも　吾子よ

私は小さいころ、よく父親といっしょに魚釣りに出かけていって、「いまだぞ、いま釣れるぞ」と、釣り上げるタイミングを教わったものです(12)。ですから、この歌もてっきり魚釣りの歌だと思っていたのです。ところが、そうではないことを、兼川晋さんから教えていただきました。

兼川さんがテレビ西日本のプロデューサー時代、糸島地方の海鵜捕り(13)の番組を制作したそうです。この地方では、どうやって海鵜を捕まえるかといいますと、まず朝早く岩に捕り餅をつけておく。海鵜が現われて、捕り餅のついた岩にとまる。その時、急いで早く捕まえに行ってはいけないそうです。というのは、まだ完全に捕り餅が効いてない可能性があるからです。また反対に、遅すぎてもだめだそうです。のんびり構えていると、あわてた海鵜がバタバタして羽が捕り餅にくっついて、せっかくの海鵜の羽が抜け落ちてしまうからです。このように、非常にタイミングがむずかしいのです。

実は、この歌は、弥生時代、父親がわが子に海鵜捕りのコツを教えている時の歌なのです。親が子供に教えることはたくさんあったでしょう。それを歌にして教えていたのです。おそらくいまは、こういう歌はなくなっていることでしょう。それが、こうして記・紀の中に残されている。これはたいへん貴重な資料です。まさに、古代の糸島・博多湾岸の生活の中から生まれたカラオケといってよいでしょう。

さらに、日本書紀の同じところに、

大事件・天孫降臨

夷《えみし》を　一人《ひだり》　百《もも》な人《ひと》　人《ひと》は云《い》へども　抵抗《たむかい》もせず(14)

という歌があります。実は、この歌の意味が最後までわからなかったのです。しかし、これもまた、奈良県での創作歌謡ではなく、糸島・博多湾岸カラオケと考えざるをえないのです。

しかもこれは明らかに、これまでの歌とは性格を異にした戦闘の歌です。歌の意味は、「夷というのは一人で百人に敵対すると人はいっているが、彼らはたいした抵抗もできなかったではないか」というものです。つまり、糸島の部族の経験において敵がいた、その敵は頑強であるといわれていたが簡単に屈伏した、という戦勝記念の歌なのです。こういうものまで、糸島カラオケになって残っているわけです。

このように理解した時、私が思い起こしたものがあります。福岡市内に、板付遺跡という有名な縄文末・弥生初期の水田跡があります。以前、市の教育委員会の方（塩屋勝利さん）から、その遺跡を取り囲む濠の構造が二重・三重になっていたと教えていただいたことを思い出したのです。すごいのは、一番内側の濠の中央部が鋭く掘り込まれていて、さらに下のほうがもう一段深く菱形をした掘り込みになっていることです。慎重に調査した結果、その二重の掘り込みは最初からあったそうです。つまり、それほど外敵からの脅威を感じていたわけです。これは、弥生時代初期の水田にともなう遺構であることはまちがいなく、おそらく縄文時代までさかのぼる可能性もある、とのことでした。

この板付の遺構と、先の歌とはどういう関連性があるのか。板付の人たちが築いていた頑強な城塞があった。そこへニニギノミコトたちの天孫降臨、すなわち侵入があった。ニニギたちは勝利した。その天孫降臨の戦勝記念の歌、それが「夷を　一人　百な人……」の歌である。このように私は考えています。そして、この私の考えは、現在の歴史学の通念を超えるものです。つまり、私は、天孫降臨は歴史的事実であるという立場に立っているのです。なぜなら、すでに述べた「シュリーマンの原則」すなわち、古事記・日本書紀の叙述と考古学的出土事実が一致をみているからであります。

天孫降臨の場所は、宮崎県と鹿児島県の境の高千穂ではなく、福岡県の竺紫の高祖山《たかすやま》連峰である。それはわが国の古代史上における画期的な歴史的事件である。こういうことを主張しているわけでありま

板付遺跡の環濠の断面図

板付遺跡（福岡市博多区）

す。

戦後の教科書には影も形も現われていないが、「天孫降臨」、このもっとも重大なキーワードを記述しないで、正しい歴史が成立することは無理であります。

そのことを裏づける簡単な証拠を挙げます。地元福岡県の教育委員会の方々（考古学関係）が、口癖のように使っている言葉があります。それは、「前末《ぜんまつ》・中初《ちゅうしょ》」という言葉です。弥生時代は、前期・中期・後期と各二百年ごとに割り振って区分されています。板付の水田は縄文および弥生初期のもので、弥生中期・後期の水田ではない。その弥生前期と中期との間に大断層がある、というのです。ちなみに、金属器がたくさん出土するのは中期になってからです。その区分を前期の末、後期の初め、すなわち「前末・中初」という言葉で表現しているのです。この「前末・中初」の時、土器と金属器という出土物も一変するということは、必ず大事件があったことを物語っているのです。その大事件が、天孫降臨だったのです。

武彦少言⒀

私は、いつも遠慮しない。たとえば「天孫降臨」は史実だ。たとえば「神武東行」は史実だ。こういった、私の言葉を聞いて、心配してくださる人もあるようだ。「右翼に悪用されはしないか」と。また、逆のケースもある。

しかし、私には、その心配はない。心配しないことに決めている。私も、三十代、四十代、学校の教師をしていて、いつも気を遣っていた。ことの良し悪《あ》しはともあれ、学外や学内に気を遣ってきた。

その点では熟達してきたのである。たぶん、多くの中年の教師がそうであるように。

しかし、ある日、気づいた。一つしかない一生を、こんなに、気を遣って、また気を遣って、そして終えていいのか。くやしくないのか、惜しくないのか。

そう気づいて、学校をやめた。学問に全力をこめた。ここでは、いっさい気にしないことに決めた。真実か否か、それだけを気にすることにした。もちろん、他の人にすすめるつもりではない。自分が自分に課した掟《おきて》だ。この掟の中に、私は私の一生を終えるであろう。そのために、たとえ生命を奪われても、まったく悔いはない。

（一九九二・八・二七、午前二時）

神武天皇は博多弁でしゃべっていた

さて、天孫降臨の時の戦勝記念の歌、それがこの歌である。こういうふうに理解した場合、また重要な問題が出てきます。

糸島郡の曲り田遺跡などの縄文水田を営んでいた人々を、神武天皇たちの九州王朝側は夷《えびす》と呼んでいました。私は一昨年、「東日流外三郡誌《つがるそとさんぐんし》」などの「和田家文書」を論じた『真実の東北王朝』（駸々堂出版刊／ミネルヴァ書房刊）を出版しました。その本のなかで、安日彦《あびひこ》・長髄彦《ながすねひこ》は大和から来たのではなく、「筑紫の日向の賊」に追われて博多湾岸から津軽へやって来た、こう解読すべきだと述べました。その考古学的裏づけとして、青森県の垂柳《たれやなぎ》遺跡や砂沢《すなざわ》遺跡の水田が板付遺跡のノウハウを受けていたことを挙げました。

ところが、その、津軽へやって来た人々がすでに博多湾岸において「えみし」と呼ばれていたのです。しかも、「愛瀰詩」というたいへんきれいな意味合いの佳字で日本書紀に書かれていた。では、こういう字を書いたのはだれなのか、天孫降臨以前の人々もまた文字を持っていたのではないか、このような問題に遭遇したわけです。

これは、原田実さんのアイディアですが、当時の東アジアの情勢から考えると、右の問題はあたりまえのことなのです。弥生「前末・中初」を紀元前一〇〇年ごろとすると、それは中国では漢の時代にあたり、朝鮮半島に漢字は伝わっていました。したがって、情勢論からいって、海をはさんだ博多湾岸にも漢字は伝えられ、そこの人々が漢字を知っていたと考えても不思議ではないのです。「愛瀰詩」は、攻められたほうの人々が使っていた漢字を用いて書かれたのではないか、とする原田説には可能性があると考えられるのです。

さらに、この「夷を　一人　百な人　人は云へども　抵抗もせず」という歌の前半部分は、エミシ側がいばっていったのではないだろうか、とも考えられます。また、この歌の中の言葉をみますと、通常、「ひとり」というところを「ひだり」といっています。ひとり、ふたり、みたり、となるところを、ひたり、ふたり、みたりという。「ひたり」に濁音がついて「ひだり」となる。このように天孫降臨以前の人々の言葉づかいが表現されているのです。

現在の義務教育から大学まででは、「天孫降臨」も「神武天皇（サヌノミコト）」も実在したことにはなっていません。しかし、このようにたどっていくと、いままでの言語学では考えられなかったような問題が出てくるのです。神武天皇の実在ということが、言語学的に何を意味するのか。それは、神武たちは博多弁をしゃべっていた、ということです。その神武たちが大和の支配者になった。となると、いわゆる大和言葉の支配者部分は九州弁ではないか、との論理的帰結にいたります。このように、神武実在は、言語体系にも一大変革を迫るものなのです。

灰塚照明さんからうかがった話ですが、博多の人たちは「手拭い」と書いて「てのごい」と発音するそうです。ものを「ぬぐう」ことを「のごう」というのです。灰塚さんのお父さんは、「てのごい」は「日本てぬぐい」、「てぬぐい」は「タオル」と区別して使っておられた。たしかに、古事記・日本書紀を見ると、「拭く」という字に「のごう」とカナが振ってあります。古事記などに「のごう」と書いてあると雅びやかな感じがしますが、実はそれは博多弁であったのです。

同様の例はほかにもあります。今後、このような視点から言語学を研究すると、従来の言語学の体系を一新することができるのではないか、私はそう考えています。(15)

九州王朝に任命された「大倭」

倭人伝の「使大倭」

古事記・日本書紀の初期天皇名（第一〜十代）の中に、四回「大倭」が出てきます。

次がその一覧表です。

①神倭伊波礼毘古《いはれひこ》命（神武）
②神沼河耳《ぬなかはみみ》命（綏靖）
③師木津日子玉手見《しきつひこたまてみ》命（安寧）
④大倭日子鉏友《ひこすきとも》命（懿徳）
⑤御真津日子訶恵志泥《みまつひこかえしね》命（孝昭）
⑥大倭帯日子国押人《たらしひこくにおしひと》命（孝安）
⑦大倭根子日子賦斗邇《ねこひこふとに》命（孝霊）

⑧大倭根子《ねこ》日子《ひこ》国玖琉《くにくる》命（孝元）
⑨若倭根子《ねこ》日子《ひこ》大毘毘《おほひひ》命（開化）
⑩御真木《みまき》入《いり》日子《ひこ》印恵《いにえ》命（崇神）

右の④⑥⑦⑧の四人だけに「大倭」の称号が冠せられている。他は「神倭」「若倭」が各一回、他は「倭」字がない。これは、いったいどうしたことでしょうか。

もしこの問題を、戦前の「皇国史観」の立場から見た場合、どうでしょう。この「四天皇」だけが、「大倭」の名に値する「天徳」の持ち主であり、他はそれにあたらなかった。そんな説明が可能でしょうか。考えられません。第一、この「四天皇」には、なんら特別の「事績記載」すら、ないのですから。

では逆に、戦後の「造作」史観（津田史学）の場合、どんな説明が可能でしょうか。これは、「皇国史観」の場合以上に〝困難〟です。なぜなら、「六世紀以降」の近畿天皇家の史官がこれらの「初期天皇名」を「造作」したとしたら、この「四天皇だけ」に「大倭」を冠せる理由、それは「造作者」たちにはなんら存在しないからです。ただ〝それは「造作者」の気まぐれだった〟というのでは、だれびとをも納得させることはできない。私はそう思います。

では、第三の、私の立場ではどうか。

その答は、簡単です。この四者だけが「大倭」の役職に〝任命〟されたからです。

「倭」は本来「チクシ」である

倭人伝に、次の有名な記事があります。

国国有市、交易有無、使大倭監之。
（国国市あり。有無を交易し、大倭をしてこれを監せしむ）

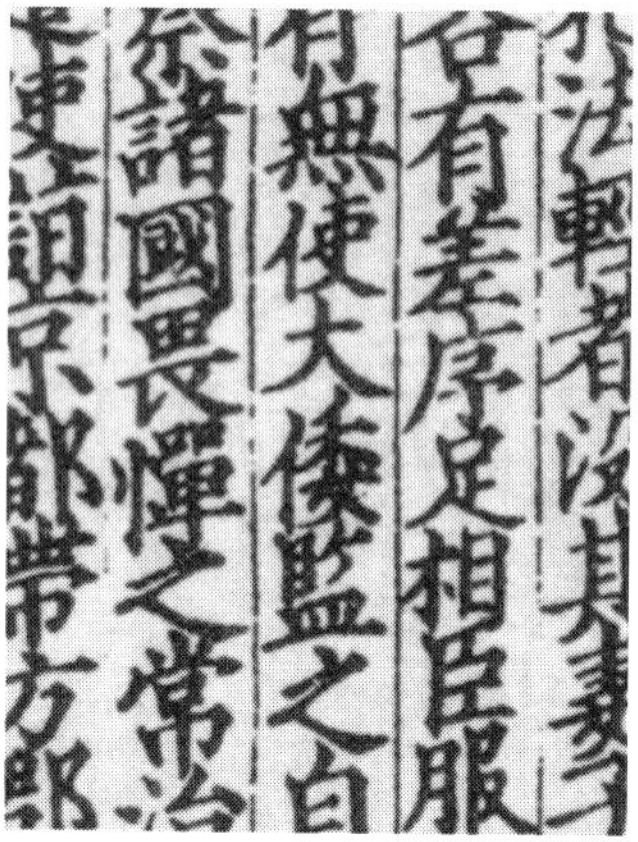

倭人伝中の「使大倭」

私はこれに対し、

「使大倭、之を監す」

と読んだのですが、これは「使大夫」といった官職名が倭国にあった事実（倭人伝）をもとに考えたものです。けれども、実体が「大倭」という固有名詞にあることは、従来の読みと変わりありません。

つまり、「使大倭」とは、筑紫なる「倭国の王者」（卑弥呼）から、その地域の支配と租税収入の徴収権をゆだねられた存在であることをしめす称号です。

したがって、右の四者は、筑紫の王者（倭王）から「大倭」の地位に任命されていた。だから、その称号に「大倭」を名乗っていた。これに反し、その〝任命〟を受けなかった他の六者は、それを〝名乗って〟いない、ということです。

右の理解は、きわめて〝自然〟かつ〝ありふれた〟ものですが、従来の論者（「皇国史観」と「造作説」）にとっては、驚天動地でしょう。けれども、右の両者とも、この史料事実を〝説明〟する可能性のないことは、すでに述べた通りです。

この分析は、次の二つの立場に立っています。

第一、「倭国＝筑紫」である。

第二、記・紀の「説話」は真実《リアル》である。

従来の論者、とくに戦後史学の論者は、右の立場を受け入れず、ために右のような分析が不可能だったわけです。

これに対し、右の分析に立つとき、次の重大なテーマが出てきます。

「右の④⑥⑦⑧は、倭人伝の時代、すなわち〝三世紀前半〟のころにあたっている」と。

この問題は、例の「三角縁神獣鏡」問題にも、興味深い関係をもつ可能性があると思いますが、あらためて論じます（「神倭」「若倭」の問題についても、あらためて論じるつもりです）。

なお、以上の論旨から見て、この「倭」が従来の読みのような「ヤマト」ではなく、「チクシ」と読むべきことがわかりましょう。これまで論じてきた「二つの倭」問題のしめすように「倭」は本来「チクシ」であり、後代「ヤマト」と（近畿天皇家によって）読み変えられたのです。

注

（1）戦前の実在論は当然ながら、戦後にも林厚雄『神武天皇実在論』（光文社刊）等がある。

（2）河内湾がのちに河内湖となった。

（3）中谷義夫氏のご注意による。

（4）東京の「日暮里」が、新堀（にひほり）の撥音形「にっぽり」を佳字表記したものであるのと同じ。「埋田（うめた）」を佳字表記して「梅田」としたもの。

（5）敵を討ち果たすまで攻撃の手をゆるめはしないぞ、の意。

（6）「島」が普通名詞では、日本列島中、〝島だらけ〟であるから、特定力をもたない。

（7）はじめは、長兄の五瀬命がリーダー。日下の蓼津の敗戦の矢傷がもとで血沼海（堺市の沖合）で戦死。

（8）森弘子さん（太宰府を守る会会長）が当地の出身。

（9）シュリーマン著『古代への情熱』（岩波文庫）および、レオナード・コットレル著『エーゲ文明への道——シュリーマンとエヴァンズの発掘物語』（暮田愛訳、前田耕作監修、原書房刊）参照。

（10）マイルカ科ゴンドウクジラ属の歯クジラの総称。全長四～八メートルほど。全身濃灰黒色で腹部はやや淡い。おもにイカなどを食べる。太平洋、大西洋、インド洋に広く分布（『大辞林』）。

（11）「記の神武天皇の宇陀の大饗《にえ》の場合の御製としてある『宇陀の高城に鴫《しぎ》わなはる』の歌は、其の思想が戦陣と何等の関係が無いのみならず『宇陀の高城に鴫わな張る、わがまつや、鴫はさやらず、いすくはし、くぢら、さやる』といふのと、其のあとの『前妻が魚乞はさば』云々といふのとはまるで意味の聯絡がない」（津田左右吉著『神代史の新しい研究』緒論）。

（12）広島県呉市近辺の海（「てんのう」など）で。

（13）筑後川中流域で行なわれている「鵜飼」のための鵜は、この糸島郡北岸で捕獲する（兼川さんによる）。

（14）糸島郡にも、曲り田縄文水田などがある。

（15）若い研究者の出現が待たれる。

第八の扉　「まへらま（まほろば）」はどこか

筑前の中の「へぐり」と「やまと」

さて、第八の扉に移りたいと思います。

それは、古事記の倭建命（やまとたけるのみこと）に関するもので、大きなショックを受けたテーマであります。私自身、子供のころから好きだった説話の中に、次のような歌があります。

倭建命と景行天皇

それより幸行《い》でまして、能煩野《のぼの》に到りましし時、国を思《しの》ひて歌ひたまひしく。

倭《やまと》は　国のまほろば　たたなづく　青垣《あをかき》　山隠《やまご》もれる　倭しうるはし

とうたひたまひき。また歌ひたまひしく、

命《いのち》の　全《また》けむ人は　畳薦《たたみこも》　平群《へぐり》の山の　熊白檮《くまかし》が葉を　髻華《うず》に挿せ　その子

とうたひたまひき。この歌は国思《くにしの》ひ歌なり。また歌ひたまひしく、

愛《は》しけやし　吾家《わがへ》の方《かた》よ　雲居《くもゐ》起《た》ち来《く》も

とうたひたまひき。こは片歌《かたうた》なり。この時御《み》病《やまひ》甚急《いとには》かになりぬ。

ここは、関東からの帰り道、三重県の能煩野《のぼの》にやって来た倭建命が、故郷をしのんで歌をうたったくだりです。これらの歌は、大和ファンの方にとって、もっとも愛すべき歌となっております。古事記だけを見ているかぎりはそれでよいのですが、日本書紀をみると混乱が生じてきます。それはどういうことなのか。

日本書紀の景行天皇十三年および十七年の記事は、このように書かれています。

十三年の夏五月に、悉《ふつく》に襲国《そのくに》を平《む》けつ。因《よ》りて高屋宮《たかやのみや》に居《ま》しますこと、已《すで》に六年《むとせ》なり。是《ここ》に、其の国に佳人《かほよきをみな》有り。御刀媛《みはかしひめ》と曰《い》ふ。御刀、此《これ》をば弥波迦志《みはかし》と云《い》ふ。則ち召《め》して妃《みめ》としたまふ。豊国《とよくに》別皇子《わけのみこ》を生《う》めり。是《これ》、日向国造《ひむかのくにのみやつこ》の始祖《はじめのおや》なり。

十七年の春三月の戊戌の朔己酉（十二日）に、子湯県《こゆのあがた》に幸《いでま》して、丹裳小野《にものをの》に遊《あそ》びたまふ。時《とき》に東《ひむがしのかた》を望《みそなは》して、左右《もとこひと》に謂《かた》りて曰《のたま》はく、「是《こ》の国《くに》は直《なほ》く日《ひ》の出《い》づる方《かた》に向《む》けり」とのたまふ。故《かれ》、其の国を号《なづ》けて日向《ひむか》と曰《い》ふ。是《こ》の日に、野中《のなか》の大石《おほかしは》に陟《のぼ》りまして、京都《みやこ》を憶《しの》びたまひて、歌《みうたよみ》して曰《のたま》はく、

愛《は》しきよし　我家《わぎへ》の方《かた》ゆ　雲居《くもゐ》立《た》ち来《く》も
倭《やまと》は　国《くに》のまほらま　畳《たた》づく　青垣《あをかき》　山籠《やまこも》れる　倭《やまと》し麗《うるは》し
命《いのち》の　全《また》けむ人は　畳薦《たたみこも》　平群《へぐり》の山の　白橿《しらかし》が枝《え》を　髻華《うず》に挿《さ》せ　此《こ》の子《こ》

是《これ》を思邦歌《くにしのびうた》と謂《い》ふ。

ここでは、九州大遠征を終えた景行天皇が、日向の国にやって来た時にうたった歌として書かれているのです。すなわち、古事記では、倭建命が死の直前、故郷を目前にしながらそこへ帰れなかった思いをうたった悲劇的な歌、として捉えられています。しかし一方、日本書紀では、倭建命の父・景行天皇が凱旋した時の歌として書かれており、悲劇性はまったくないのです。ではいったいどちらが本当の姿か、そういう問題が生じてくるわけです。

この問題に関して、私の『盗まれた神話』（角川文庫）(1)をお読みになった方は、一つの重要なナイフ、すなわち切る道具をお持ちになったはずです。その本の第四章「蔽《おお》われた王朝発展史」の中で、私は「景行遠征、五つの謎」を挙げ、説話にみる不可解な箇所を指摘しました。ひと言でいえば、景行天皇の九州大遠征はおかしいということであります。その本に掲載した「景行天皇の九州遠征行路図」（次ページ）をご覧ください。

たとえば、九州の東岸部の大分県や南岸部の鹿児島県あたりでは戦争をしているが、西岸部の熊本県や福岡県の筑前では、戦争していないのに大歓迎を受けている。また、せっかく筑後に入りながら、政治的にも文化的にも中心地であったはずの博多湾岸―太宰府のほうへ立ち入った形跡がまったくないのはなぜか。すなわち「筑紫の空白」問題です。そこから一気に飛んだようにして、日向から大和へ帰ってしまっている。また、九州以外の地域では地名が非常に貧弱なのに、九州に来るとやたらと地名が出てくるのも不自然である。その本では、こうした疑問を指摘しました。

景行天皇の九州遠征行路図（『盗まれた神話』より）

平群は大和ではなかった

しかし、一番大きな矛盾点は、古事記には景行天皇が九州へ行ったという記事がまったくないということです。ないほうの古事記が本来の姿で、あるほうの日本書紀はあとから何かを取ってつけたのではないか、と私は考えたのです。

いったい、何を取ってつけたのか。それは、筑前・博多を中心の原点とする九州東岸・南岸平定譚である。すなわち、本来は弥生時代における筑紫の九州王朝の成立譚であったものを切り取って、筑紫の君の代わりに景行天皇をあてはめたものである。こういう視点に立つとすべての矛盾が消えてくる。まさに盗作としかいいようのない手口を日本書紀は使っている。このような仮説を『盗まれた神話』で発表したのでした。

九州北部の「やまと」周辺図

景行天皇が日向の地で歌をうたうという日本書紀の話は、実は筑紫の君の九州平定譚である。この私の仮説を導入したら、先の三つの歌は、日向の地で筑紫の君が故郷・筑紫をしのんでうたった歌である、という結論にいたらざるをえない。たいへん苦しみましたが、結論はこれでよかったのです。その理由は、まず上の地図を見てください。

この地図に二つの「山門《やまと》」という地名があります。筑後の山門は有名ですが、もう一つ、博多湾岸にも山門があります。そして、その近くに「平群《へぐり》」がある。ちなみに、この平群近くに先ほどお話した灰塚さんが住んでおられます。

さらに大事なことは、この地を流れる室見《むろみ》川と日向川の合

近畿・大和周辺図

流点に、わが国最古の「三種の神器」(2)を出土した弥生中期初頭の王墓である吉武高木《よしたけたかぎ》遺跡があるという事実です。「三種の神器」を出土する遺跡は、そのほかにも、春日市の須玖《すく》岡本遺跡、糸島郡の三雲・井原・平原の各遺跡があります。

問題は、「平群」にあります。古事記においては、三重県の能煩野《のぼの》に到達した倭建命が、「自分のように無事に帰ることができた人は、平群の山の熊白檮《くまかし》を、神様に捧げるかんざしに挿して感謝しなさい」とうたっているのです。能煩野は鈴鹿郡(3)、平群は奈良県の西北端部にあり、両者の間には三輪山や飛鳥があります。本来ならここで、おかしいと思わないといけない。

なぜなら、この歌は、平群まで来ないと無事に帰ったことにならない、といっているわけですが、平群になにがありますか。平群は大和の中心地でもなく、また聖なる土地でもないのです。

それに対して、筑紫の平群は、「三種の神器」を持つ王墓群が存在する文字通り聖なる土地です。そこへ無事に帰ってきたならば神様にお礼をいいなさい、というのであれば筋が通っているわけです。

「やまとはくにのまへらま」

さらに、重要な問題があります。日本書紀では、「倭は　国のまほらま　畳づく……」の歌の「まほらま」を漢文で「摩倍邏摩」と書いています。しかし、「倍」という字には「ほ」の音はなく、本来は「へ」です。校合本のその箇所を見ますと、古い写本[4]では「倍」となっていますが新しい写本[5]では「保」に直しているのです。上の「摩」はほめ言葉で、「倍邏摩」とは、倭名類聚抄（羽族部、鳥体）によれば、日本私記の引用として「鳥の脇の下の毛」の意味で「ほろば」ともいうとあります。つまり、鳥の心臓のそばにあるのが「倍邏摩」であるがゆえに、「倭は国のまほらま」→「大和は平群のそばにある」という解釈が成り立つのです。

吉武高木遺跡群（福岡市）

ところが、それを知らない後世の近畿天皇家の写本では、「大和は国の真ん中である」という意味にしたかったのです。そのために、「まほろば」と直したわけです。

ここから先は私の想像ですが、縄文時代には鳥のいろんな部分ごとに名称がつけられていたのではないか。狩猟・採集の縄文文明を前提にしたのが弥生時代ですから、この「へらま」という言葉も生活用語として生きて使われていたのでしょう。そうだとしたら、こういう言葉遣いは実は九州の言葉遣いである、ということにもなってきます。従来の言語学者は、この言葉を生粋の大和言葉として体系づけてきたのですが、私の仮説が正しければ、従来説が音をたてて崩れてしまう結果になるのです。

私は思います。新しい歴史学に依拠した新しい言語学は、まだ誕生していないと。いまは、まさにその前夜、新しい扉の前にわれわれは立っているのです。本書の書名にある「独創の扉」とは、そういう意味であります。従来の古い世界に別れを告げ、新しい学問の世界に入る扉、それが本書の主題なのです。

注

(1) 一九七五・二・五(朝日新聞社刊、朝日文庫、ミネルヴァ書房復刊)。
(2) 鏡と剣と玉。
(3) 三重県。
(4) 熱田本(一三七五)、北野本(吉野時代、一三三三～九二)。
(5) ト部兼右本(天理図書館蔵)〈一五四〇〉。

第九の扉　柿本人麿の鴨山

斎藤茂吉と梅原猛

第Ⅲ部の最後のテーマに移ります。ここでは、古代史の世界から少し離れ、古代の文学史の世界に入っていきたいと思います。テーマは、万葉集の代表的歌人として知られる柿本人麿です。

斎藤茂吉の鴨山とは

柿本人麿が、石見国《いわみ》、今の島根県の「鴨山」で死んだというのは有名な話ですから、皆さんもご存じでしょう。ところが、この鴨山とはどこか、については従来いろんな説がありました。その代表的な説を提示したのが、昭和十五年に完成した斎藤茂吉の『柿本人麿』全五巻です(1)。

斎藤茂吉の説の趣旨は、こういうものです。

石見国の江川《ごうのかわ》の中流に粕渕という地がある。そのそばに津目山《つのめやま》という山があり、そこには亀《かめ》という集落があった。亀のそばにある山だから、津目山はおそらく亀山と呼んだであろう。その亀山は、

江川中流の河原（湯抱。青山富士夫氏撮影）

もともと、鴨山といっていたのがなまったものであろう。

なぜ、茂吉がここに目をつけたかというと、江川を気に入ったからだといってよいでしょう。万葉集に、人麿が死んだ時、彼の妻・依羅娘子《よさのおとめ》が詠んだ歌が載っています。

柿本朝臣人麿、石見国に在りて臨死《みまか》らむとする時、自ら傷《いた》みて作る歌一首

鴨山の岩根し枕《ま》けるわれをかも知らにと妹《いも》が待ちつつあらむ

柿本朝臣人麿の死《みまか》りし時、妻依羅娘子の作る歌二首

今日今日とわが待つ君は石川の貝に　一に云ふ、谷に　交りてありといはずやも

直《ただ》の逢ひは逢ひかつましじ石川に雲立ち渡れ見つつ偲《しの》はむ

茂吉は、これらの歌の中に出てくる石川とはどこにあるのか、ということを鴨山研究の基礎に置いたわけです。そして、石見地方のいろんな川を見にいったが、自分を満足させる川はなかった。江川にいたった時、「これぞ石川だ」という直観を得た。茂吉はその時の感動ぶりを、「江川をあの石川と考えな

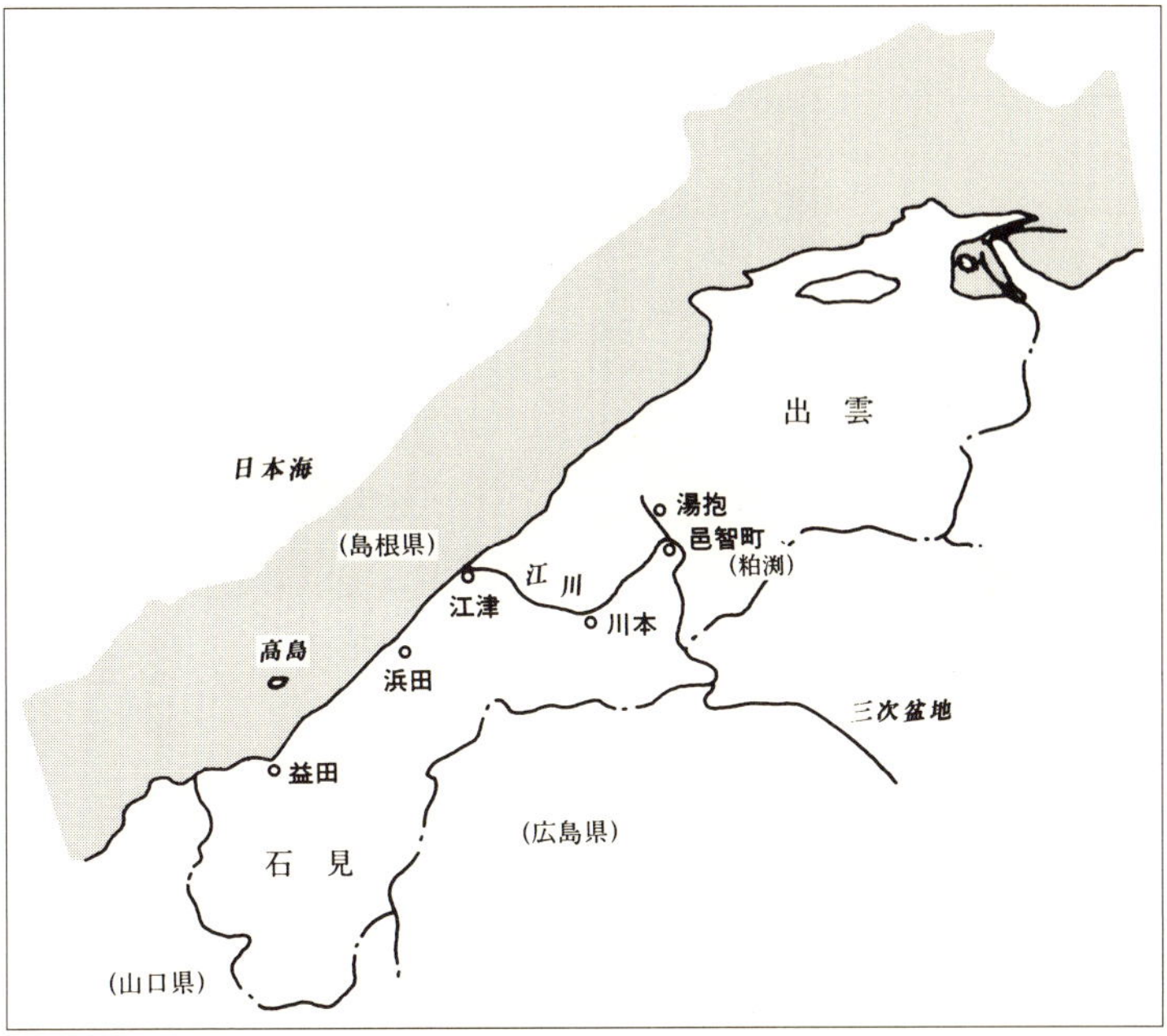

斎藤茂吉の鴨山（湯抱）

い人は歌を知らない人だ。江川の辺に立てば、ここしかないということがわかる」と、たいへんな思い入れの文章にして現わしています。

では、その江川のそばにはたして鴨山があったのかというと、結局なかった。なかったから、先ほど申し上げたように、代理として亀という集落を挙げ、いま津目山と呼んでいるところが昔の亀山だろう、と茂吉は考えた次第です。

ところで、茂吉が「鴨山考」を発表したあと、こんなことがありました。昭和十二年、それを読んだ粕淵の奥の湯抱の読者（苦木虎雄さん。現姓、波多野）から茂吉のもとに手紙が来たそうです。その手紙には、私の住む集落には芝刈り山として、鴨山があります、と書かれていた。茂

茂吉の鴨山（粕渕。中央の，頂上が尖って見える山。青山富士夫氏撮影）

吉はびっくりした。急ぎ現地へ行ったところ、確かに鴨山があった。茂吉は、これが本当の鴨山である、という歌を詠んだのですが、いまも現地には、次のような歌が茂吉の自筆で彫られて石碑として残っています。

人麿がつひのいのちををはりたる鴨山をしもここと定めむ

梅原猛の鴨山とは

この茂吉の説に真っ向から批判を加えたのが、昭和四十八年に刊行された、梅原猛の『水底の歌』上下二巻でした[2]。梅原氏はその本の中で、「江川が万葉集にうたわれた石川である、とする茂吉の考えかたは、歌人としての自信を語るものではあっても、学問的論証にはなっていない。カモがカメと転訛する、というのもおかしい。津目山が亀山であるというのも、茂吉の想像にすぎない」という趣旨の痛烈な批判を行なったのです。また、「当初、茂吉は江川が石川であると言っておきながら、今度の鴨山は江川のそばにないではないか」との批判もありました。

実は、私にとって、斎藤茂吉の『柿本人麿』の「鴨山考」は深い印象の残っている本なのです。旧制の広島高等学校時代、図書館に通って一生懸命に書き写したものです。そういう意味で、たいへん愛着を覚える本でもあります。しかし、梅原氏の茂吉批判は百パーセント正しい、と私は思っています。

さて、茂吉を批判した上で梅原氏は、自らが考える鴨山とはどこか、という問題に乗り出されたわけです。その結論が、いまは地震で海に沈下してしまったが、かつて益田市の沖合にあった鴨島、そこにあった山が鴨山である、という説でした。梅原説の鴨山地図を参照してください。

その根拠になったのが、同じく万葉集の次の歌です。

丹比《たぢひ》の真人《まひと》　名をもらせり　柿本朝臣人麿の意《こころ》に擬《なずら》へて報《こた》ふる歌一首

荒波に寄りくる玉を枕《まくら》に置きわれここにありと誰か告げなむ

この歌の中の「荒波」に注目した梅原氏は、それが海の波と川の波のどちらかと考え、海の波にふさ

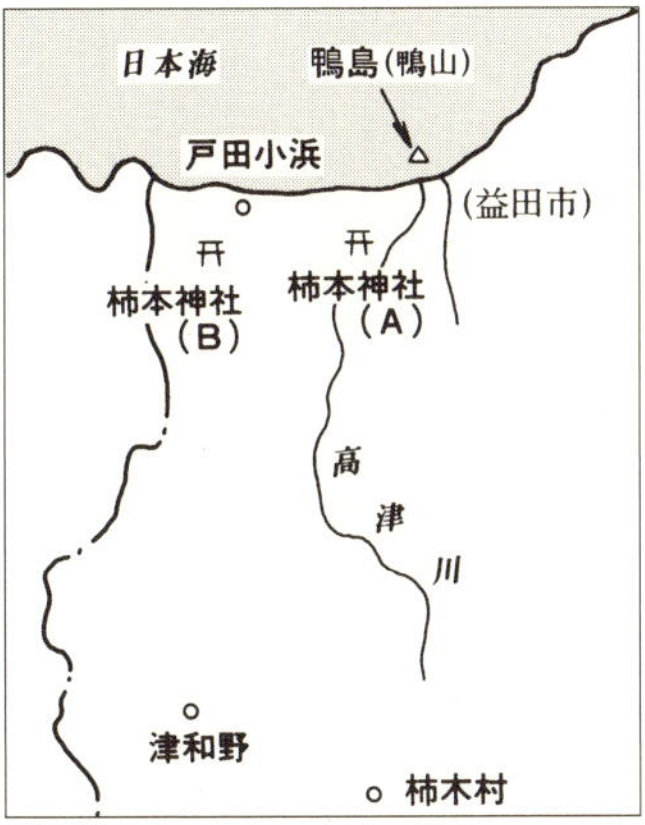

梅原猛の鴨山（益田市）

戸田小浜の柿本神社
（青山富士夫氏撮影）

わしい、との結論に達した。そして、人麿は海で死んだのだ、との新しい仮説を提示した。その海とは益田市の沖合で、そこにあった鴨島の山が鴨山と推測されたわけです。

そこには梅原氏独自の思い入れが入ってきていまして、人麿は従来いわれてきたような国府の役人ではなく、流刑人として島流しにされて鴨島へ来た。そして海に投げ込まれて処刑された。それが人麿の死である。処刑時期は、人麿神社の祭りの日である……。上下二巻の本は、このような印象的な終わりになっています。

では、梅原氏のこの鴨山説がただしいかというと、私はまったくまちがっている、そう考えざるをえないのです。

どこが本当の鴨山か

「石見国に在りて」

そう考える理由は、きわめて単純なものです。もう一度、「荒波に寄りくる……」の歌の詞書《ことばがき》をご覧ください。

詞書にあるように、この歌は報歌、すなわち、死んだ人に代わって誰かがうたった歌です。したがって、報歌とは、本歌《もとうた》を前提として初めて成立するものです。この歌の場合には、先に記した依羅娘子の二つの歌が本歌にあたります。ところが、その歌のどこにも海は出てきません。あるのは石川という川なのです。そうすると、この「荒波」は「石川の荒波」と理解せざるをえなくなります。本歌を断ち切って報歌を考えるのは、ルール違反であります。そういう基本的なところで、人麿は海で死んだとする梅原氏の仮説は無理があったといえましょう(3)。

この荒波の「荒」は、よく歌に使われる言葉です。たとえば、先の丹比真人の報歌のあとに出ている
この歌をご覧ください。

或る本の歌に曰く
天離《あまざか》る夷《ひな》の荒野に君を置きて思ひつつあれば生けるともなし
右の一首の歌、作者いまだ詳《つまび》らかならず。但し、古本、この歌をもちてこの次に載す。

これは、依羅娘子に代わって誰かがつくった歌で、「荒野」の「荒」は、むなしくあなたの死骸が横たわっている荒野、つまり心情表現の「荒」です。また、人麿自身の有名な歌の中で、讃岐で水死した人が打ち上げられている岩を「荒岩」と言っている例もあります。したがって、あまり「荒」に注目しすぎて、川の波では物理的に荒波にふさわしくない、とした梅原氏の論証は無理があると思います。

さて、それでは、どこが本当の鴨山か、ということになります。

この問題を解く最初の鍵が、先に記した人麿の歌の詞書にあります。あらためて記しましょう。

柿本朝臣人麿、石見国に在りて臨死《みまか》らむとする時、自ら傷《いた》みて作る歌一首

斎藤茂吉も梅原猛氏も、人麿は石見国のいずれの地かで死んだ、と解釈していますが、私はその解釈が正しくないと思っています。

どういうことか、ご説明しましょう。私の京都の住まいは、京都市の西郊、向日市《むこう》にあります。向日

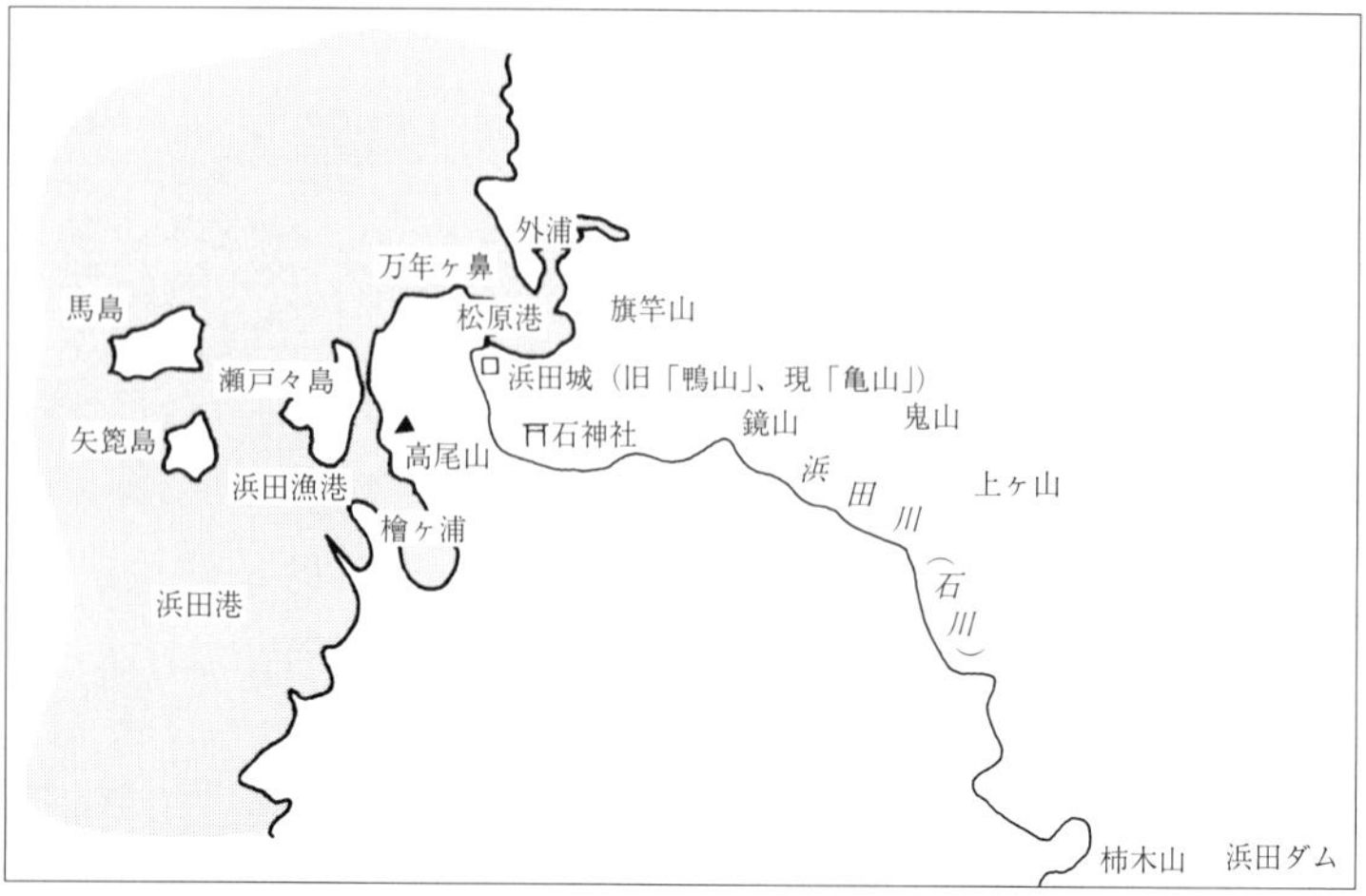

鴨山は浜田市にあった（浜田市近郊地図）

市の者として、「だれかが京都で死んだ」と私が聞けば、「京都府の京都市内かその近辺で死んだ」と理解するのが普通です。もし、京都市以外の、たとえば舞鶴市で死んだ場合には、「舞鶴で死んだ」あるいは「京都府の舞鶴市で死んだ」というものです。

同じようにして、人麿の場合、詞書に「石見国に在りて」とだけ書かれていますから、石見国のうちのあるところではなく、「石見国の石見」で死んだと解釈するのが自然ではないでしょうか。そうすると、かつて石見の国府があった、現在の浜田市ということになってきます(4)。

では、浜田市内のどこが鴨山か。実は、浜田市内には浜田城がありますが、そのお城のある山が、かつては鴨山と呼ばれていたところなのです。現在は、その鴨山という地名は亀山と改称されています。この事実が、おびただしい資料にはっきり出ていました（浜田市図書館の方々のおかげをこうむりました）。

私の調査の結果、人麿の鴨山は浜田市内のど真ん中にあった、ということが判明しました。

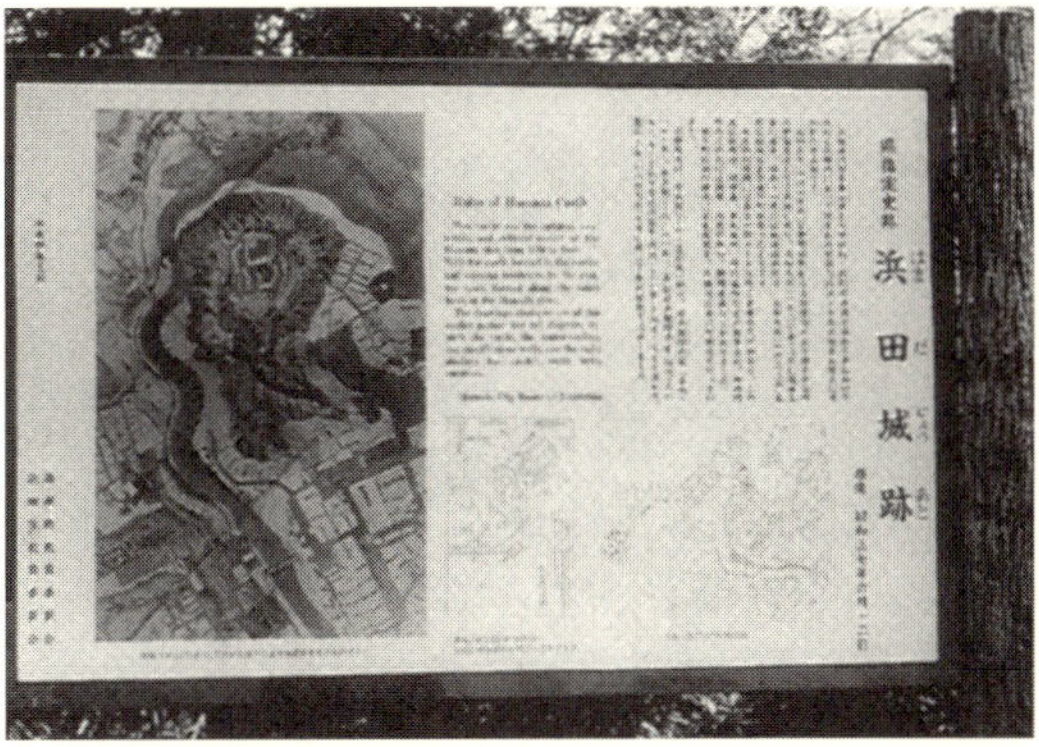

浜田城跡（青山富士夫氏撮影）

「鴨山の岩根し枕けるわれをかも……」の歌が、「どこそこの鴨山」という形ではなく、いきなり「鴨山」として始まっていた。ということは、「どこそこの鴨山」という必要がなかったからなのです。

いくつかの疑問

人麿の論考に関連して、二、三、申し上げます。

一つは、万葉集の読み方への疑問です。依羅娘子の二つの歌の中に「石川」という言葉が出てきます。両者の歌の漢文表記では、前者が「石水」、後者が「石川」となっています。にもかかわらず、両者とも「石川」と読むのはいささか乱暴ではないか。違いがあるから異なった表記をした、と考えるのが常識的ではないでしょうか。

「石水」とは「いわみづ」と読むのだと思います。つまり「石見津」です。それは、『浜田の歴史と伝承』（史跡探訪会発行）の「島根県浜田市（原井村）」に掲載された資料の石見潟です。

石見川　本村北方ニアリ。今浜田川ト唱フ。石川ト同川ナリ。勅撰集ニ出ズ

石見潟　本村北方ニアリ。石見郷ノ海ヲ云フ。名寄セニ出ズ

石見海　本村北方ニアリ。石見郷ノ海ヲ云フ。類字名所集ニ出ズ

石見津（浜田港）から浜田城を望む（青山富士夫氏撮影）

三階山　本村ノ南方ニアリ。夫木集ニ出ズ
石川　本村北方ニアリ、今浜田川ト云フ。万葉集ニ出ズ

もう一つの疑問は、依羅娘子の二番目の歌についてです。この歌は、従来「直の逢ひは逢ひかつましじ」と読まれてきました。そして、「遠く離れているから、直接逢うことはできない」と訳していました。しかし、漢文表記では「相不勝」となっているこの箇所を、そう読むのは、意味から判断しても無理と思います。「雲立ち渡れ見つつ偲はむ」とは、人麿の死んだところから雲が立ち昇ってくれれば、その雲をながめて偲びたいという意味です。それを、先のように解釈するのはむずかしいのではないでしょうか。

私の考えは、「あいたえざらむ」と読み、「私はあなたに逢うということに耐えることができない」と解釈するものです。さらに「相」は「お互いに」という意味です。このように理解しますと、この歌は万葉集の中でももっとも深い愛情の歌、と見ることができると考えています。

この人麿の「鴨山の歌」についての、いっそう深い究明は、あらためて全「人麿論」完稿の形で叙述するつもりです。

注

（1）岩波書店刊。
（2）新潮社刊。
（3）ただこの点、興味深い問題が現われた。別に、当問題の完稿で詳述する。
（4）現在の島根県邑智郡石見町は、市町村合併による新町名。

Ⅳ 《考古学》の扉をひらく

第十の扉　卑弥呼の鏡はどれか

従来の年代決定の矛盾

第Ⅳ部では、考古学の世界にもまた大きな問題がある、ということについて私の考えをお話したいと思います。

絶対年代と相対年代

第Ⅰ部で、私は、「木佐《きさ》提言」によっていわゆる邪馬台国論争は実質的な終止符を打った、と述べました。ここでまず、「木佐提言」の趣旨を簡略に再論しておきます(1)。

魏志倭人伝は、帯方郡から来て二十年間も倭国に滞在した軍司令官・張政による軍事報告にもとづいて書かれていた。軍事報告であるがゆえに、その内容は正確なものであり、記載された方角、たとえば東を南、南を東へと勝手に改定する「邪馬台国近畿説」は成立しがたい。また、倭人伝には帯方郡から倭国の都・邪馬壹国までの総里程が記載されていなければならない。なぜならば、食料の補給、応援部隊の派遣などの軍事上の目的に応じる必要があったからである。それが、「水行十日・陸行一月」である。これが、木佐さんの提言でした。

前漢式鏡

私は、この提言は人間の理性に基づく考え方である、と思いました。この立場に立つと、幸いにも、私が昭和四十六年に発表した『「邪馬台国」はなかった』は正しかった。すなわち、「部分里程を全部足したら総里程になる」ということ、そして、邪馬壹国は博多湾岸およびその周辺にあった、ということでした。これは、二十一年前に到達していた私の論証でしたが、のちに考古学を勉強してみると、その地域はなんと三種の神器を出土する王墓群の眠る世界であった。つまり、文献上の論理的結論と考古学的遺物の一致をみたのです。

こうして、もう「邪馬台国」論争は終わったと私は考え、またその趣旨を述べたのです。だが、その結果、一つの大きな問題が浮かびあがったのです。それが、これからお話する考古学の「編年」の問題なのです。編年は、日本の考古学の宿命といってよいかと思います。どういうことかといいますと、日本列島からは実に数多くの出土物が出てきますが、絶対年代が書かれた出土物はきわめて少ない。したがって、その出土物がいつの時代のものかと問われると答えようがないという宿命を持っていたのです。

そこで、日本の考古学者は出土物に前後関係をつけて判断した。それが編年だったのです。しかし、前後関係をつけることによって相対編年はできるが絶対編年はできない。そういう状況に対して、鏡というものが注目されてきたのです。

鏡にはデザインがあり、銘文があり、時には年号が書かれていたりする。それを参考にして、鏡の年代を判定した。それが、前漢《ぜんかん》式鏡、後漢《ごかん》式鏡と呼ばれるものです。先ほどの博多湾岸にある吉武高木遺跡の三号木棺からは、多鈕細文鏡《たちゅうさいもんきょう》という鏡が出土しています。これは、前漢式鏡よりひとつ前の時代の鏡です。この鏡を参考にして、相対年代に絶対年代をつけていったのです。

卑弥呼の鏡をめぐる論争

　この作業を行なったのが、明治から大正、昭和の初めにかけての考古学者たちでした。とくにその中心を担ったのが富岡謙蔵でした。富岡謙蔵は画家・富岡鉄斎の子息で、考古学者であると同時に漢文にも造詣の深い学者でした。その助手を務めたのが、「考古学の鬼」と呼ばれた梅原末治《すえじ》さんだったのです。現地に足を運んだ梅原さんが富岡先生に報告する、という二人のコンビによって日本の考古学が形作られた結果、弥生時代のおおよその時代区分ができていったわけです。

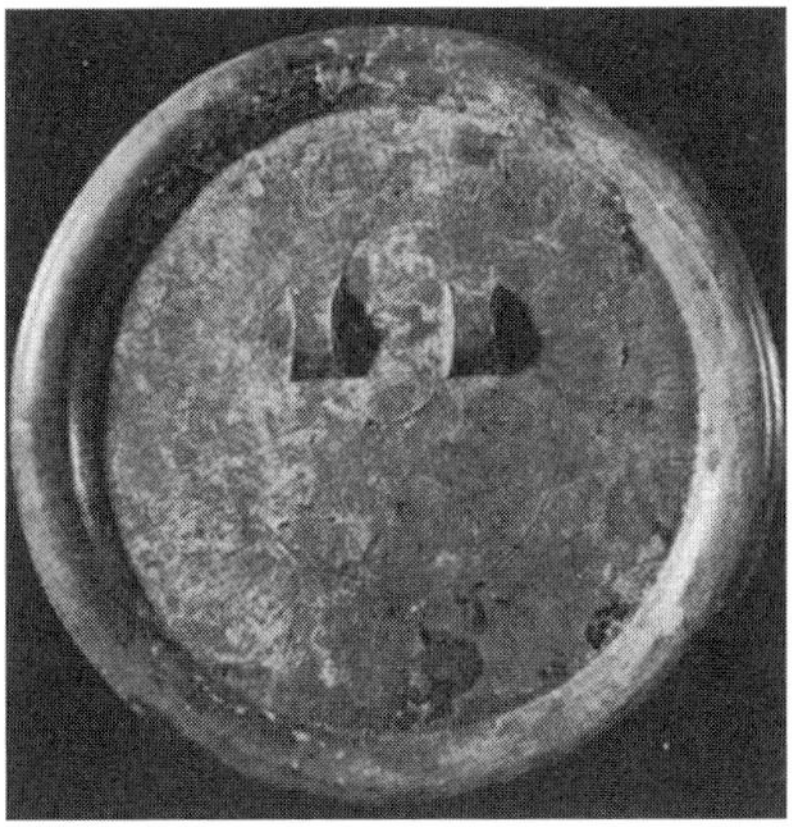
多鈕細文鏡

　その時代区分とは、弥生の前期が紀元前三〇〇年～紀元前一〇〇年、中期が紀元前一〇〇年～紀元一〇〇年、後期が一〇〇年～三〇〇年と、前・中・後を各二百年ずつに割り振ったものでした。そして、博多湾岸地域の五つの王墓で出土した「三種の神器」セット、前漢式鏡・後漢式鏡などはすべて弥生中期、すなわち紀元前一〇〇年―紀元後一〇〇年ごろのものという判定が行なわれたのです。こうして、このの ち、日本中の考古学者は、京都大学の富岡・梅原コンビによって作られた編年にもと

福岡・石塚山古墳出土の三角縁神獣鏡（三神三獣）

づいてすべての出土品を分類していくことになったわけです。

さて、ここで問題が生じてくるのです。いま、「三種の神器」セットはほぼ弥生中期前後のものであるといいました。ところが、卑弥呼は紀元三世紀の人物、すなわち、この時代区分によれば弥生後期の後半にあたります。そうすると、鏡がたくさん出土した中期と卑弥呼の時代とは百五十年ほどのズレが生じることになるのです。そのため、従来の学者は、この鏡と卑弥呼が魏の天子からもらった鏡（「銅鏡百枚」）とは別のものだ、といってきた。それでは、卑弥呼の鏡とはなにかというと、それは三角縁神獣鏡《さんかくぶちしんじゅうきょう》だとされてきたのです[2]。

しかし、三角縁神獣鏡は古墳時代前期を中心とする古墳から出土するものです。したがって、当然ながら、これをもって卑弥呼の鏡だとするのは無理ではないかとの疑問が出てきます。その疑問に対しては、三角縁神獣鏡が中国から贈られたのは弥生時代後期の紀元三世紀、すなわち卑弥呼の時代である。鏡というものは貴重品だから簡単に墓に埋めたりせず、地上にあって子々孫々へと伝えられていき、墓に埋めるのは後世のことである。したがって、卑弥呼の鏡が古墳時代の古墳から出土しても不思議でない。こういう説明が行なわれたのです。これを「伝世鏡」理論と呼んでおります。

この説明に反対する森浩一さんや松本清張さんや私は、三角縁神獣鏡の国産説を唱えたのです。すなわち、三角縁神獣鏡は中国からもたらされた鏡ではないと述べたのですが、一般の考古学者からは無視されていました。ところが、昭和五十六年になって、中国の鏡の専門家・王仲殊さんが学術誌『考古』で「三角縁神獣鏡は中国のものではない、日本製である」と発表、「三角縁神獣鏡＝卑弥呼の鏡」説に立つ考古学者に一大ショックを与えたという有名なエピソードがありました。(3)

鏡は物語る

自説を訂正した梅原末治の良心

では、この問題について私はどう考えるのか、説明したいと思います。

まず、先に挙げた弥生時代の区分ですが、これは試みに二百年ごとに区切っただけの作業仮説だと考えています。もっとも大切な点は、次のことです。史記・漢書・三国志といった中国の文献の中で、鏡のことが頻繁に書かれているのは三国志の魏志倭人伝であり、また、出土例の一番多いのが前漢式鏡・後漢式鏡である。したがって、文献資料と考古学的出土物がイコールにならなければおかしいのです。中国からの鏡がほとんど出土していない「弥生後期」に倭人伝をあてる、という考えそのものがまちがっているといわざるをえません。

そこで、相対年代を絶対年代に合わせる際、本来は、もっとも多く鏡が出土する「弥生中期」をこそ、三世紀を含む時期にあてなければならなかった、というのが私の基本的な考え方なのです。実は、私と同じように考えたのが、弥生の時代区分そのものを作った梅原末治さん、その人でした。

梅原さんが円熟期にあった京大教授時代の晩年、「いままでの私の考えはまちがっていた」という論文を発表したのです。それが、昭和三十四年四月、『古代学』第八巻増刊号（財団法人古代学協会発行）

熊野神社にある須玖岡本遺跡の記念碑（福岡県春日市）。実際の遺跡は，近くの記念館下になっている。

の「筑前須玖遺跡出土のき鳳鏡に就いて」という論文です。その趣旨は、「春日市の須玖岡本遺跡からの出土物の中に、き鳳鏡があった。この鏡を追跡調査するため、海外まで出かけていった。そして、いろんなき鳳鏡同士の編年を行なってみた。その結果、須玖岡本遺跡出土のき鳳鏡は、二世紀の後半をさかのぼりえない鏡であった。したがって、須玖岡本遺跡を紀元前一世紀頃のものと見なした従来の年代は誤りで、三世紀前半以降の遺跡と訂正する」というものでした。

　自分の説を自分で訂正するという論文は、普通、なかなか書けるものではありません。すでに多くの学者が梅原さんの出した編年基準を信用し、それにもとづいた論文を発表していたのです。したがって、梅原さんご本人が自説を否定しても、だれも耳を貸そうとはしませんでした。このあたり、日本の考古学界はちょっと恥ずかしいのではないでしょうか。

　梅原さんが晩年にいたって訂正されたところによれば、要するに、弥生中期は紀元後三世紀を含む時代であるということです。であるならば、鏡がもっとも頻繁に出土する時期は三世紀、それは倭人伝の時期にあたる、これで初めて話が通ずる、というのが私の考えです。

　私は、この考え方は論理に適ったものであると思っており、また、これまで何度も書いてきました。昭和五十四年に出版した『ここに古代王朝ありき』（朝日新聞社刊、ミネルヴァ書房復刊本）も、その観点から書いたのですが、反論もなければ、新たな編年を作り出そうとする考古学者もいない。たいへん残念なことです。

しかし、昨年、私は大いなる自信を持ちました。それが「木佐提言」でした。その提言によれば、人間の理性に基づくかぎり、邪馬壹国は博多湾岸およびその周辺にある。博多湾岸および糸島地域で出土する前漢式鏡・後漢式鏡・多鈕細文鏡は、弥生中期のものである。これの一部が、倭人伝に書かれた「銅鏡百枚」に含まれるものである。こう考えるのが、自然であります。

今後、こういう立場から編年をやり直す学者が現われることを切に望んでやみません。(4)

き鳳鏡

注

(1)『「邪馬台国」シンポジウム——邪馬壹国問題を起点として』(東方史学会編、新泉社刊)。

(2) たとえば、樋口隆康「卑弥呼の銅鏡百枚」(『邪馬台国基本論文集Ⅲ』創元社刊、所収)参照。

(3) 王仲殊『三角縁神獣鏡』(学生社刊)。

(4) 第十三の扉の「吉野ケ里の仮想敵国」問題、参照。

第十一の扉　「日出ずる処の天子」はだれか

どこにもない聖徳太子の形跡

「上宮法皇」への疑問

第十一の扉は、金石文について私の考えを述べたいと思います。対象となるのは、法隆寺金堂の釈迦三尊像の光背銘文《こうはいめいぶん》（口絵参照）です。この光背銘文について、教科書などでは、聖徳太子と太子の母、および太子の妻を記念して、三人の死後につくられた、と説明されています。

ところが、私には、その説明はとんでもないまちがいだと考えられるのです。

まず、その光背銘文の全文をご覧ください。

法興《ほうこう》元三十一年、歳次辛巳（六二一）十二月、鬼前太后崩ず。明年（六二二）正月二十二日、上宮法皇、枕病して愈《よ》からず。干食王后、仍《よ》りて以て労疾し、並びに床に著《つ》く。時に王后・王子等、及び諸臣と与《とも》に、深く愁毒を懐《いだ》き、共に相発願す。「仰いで三宝に依り、当《まさ》に釈像を造るべし、尺寸の王身、此の願力を蒙り、病いを転じ、寿を延べ、世間に安住せんことを、若し是れ定業《じょうごう》にして、以て世に背かば、往きて浄土に登り、早く妙果に昇らんことを」と。二月二十一日、癸酉、王后、即世す。翌日（二月二十二日）、法皇、登遐す。癸未年（六二三）、三月中、願の如く、釈迦尊像並びに俠侍及び荘厳の具を敬造し竟《おわ》る。斯の微福に乗ずる、信道の知識、現在安穏にして、生を出で死に入り、三主に随奉し、三宝を紹隆し、遂に彼岸を共にせん。六道に普遍する、法界の含識、苦縁を脱するを得て、同じく菩提に趣かん。

法隆寺釈迦三尊像

第一の疑問が、銘文の冒頭にある「法興元三十一年」です。この「法興」は年号のことであると考えるのが自然ですが、大和朝廷の創った年号に法興という年号はありません。古事記・日本書紀を見ても出てきません。日本書紀によれば、聖徳太子が斑鳩《いかるが》の宮で死んだのは、推古二十九年（六二一）二月。日本書紀が完成したのは、そののちほぼ百年です。したがって、百年前に大和朝廷が使っていた年号を、大和朝廷の史官が書き忘れたなどということは、人間の理性に基づいて考えるかぎりありうる話ではない。したがって、この銘文が聖徳太子のものでないということがわかります。

次の疑問が、聖徳太子の母に関してあります。太子の母の名前は間人《はしひと》大后ですが、「鬼前」は「間人」とは読めないのです。そして、一番重要なキーポイントは、「上宮法皇」です。私たちは普通、聖徳太子のことを上宮太子と呼んでいますから、この「上宮法皇」とは聖徳太子のことだ、とこれまでは考えられていました。しかし、よく考えるとこれはおかしい。(1)

なぜならば、法皇とは「僧籍に入った天子」のことです。つまり、天子が現役を引退して、僧侶になった時に法皇と称するわけです。では、聖徳太子は引退して僧侶になったかというと、答えはノーです。この点からしても、聖徳太子の銘文説はおかしい。

話は横道にそれますが、聖徳太子には大きな弱点があります。つまり、太子は仏教を尊崇したといわれていますが、肝心の仏教のエキスは実行できなかった人物ではないでしょうか。釈迦のように、豪族名門の権力中枢の王城を捨てて出家する、ということを太子は行なっていない。「王城を捨てる」ことに「出家」の意味があるのです。

釈迦は、「自分が国王になると、人々はいま以上に自分に対して本当のことをいわなくなる。それでいいのか」という疑問に忠実であり、妻子を捨てることすら行なう切実さがありました。聖徳太子はどうだったか。あるいは、そうした気持ちはもっていたかもしれないが、現実には実行しなかった。太子は釈迦に憧れたかもしれないが、仏教の真髄を身に着けることのできなかった人、私はそのように太子を見ています。

というわけで、太子が「法皇」と書かれるはずはありません。では、「上宮」はどうか、ということになりますが、上宮とは本来、どこにでもあるものです。とくに九州では、多くの神社で、山の上から上宮・中宮・下宮と宮殿を順に呼んでいます。したがって、上宮と書いてあるから聖徳太子だ、ということにはならないのです。

干食王后は太子の妻にあらず

この銘文の次の箇所が聖徳太子のものでないことを、もっとも如実に示しています。

（六二二年）翌日（二月二十二日）、法皇、登遐す。

という記事です。日本書紀に書かれた太子の死亡記事は、次のようになっています。

（推古）二十九年（六二一）の春二月の己丑の朔癸巳（五日）に、半夜に廐戸豊聡耳皇子命《うまやとのとよとみみのみこのみこと》、斑鳩宮に薨《かむさ》りましぬ。

両者をよく見くらべてください。年が違っているだけならばよくあることで、暦のズレのせいだと考えられます。しかし、年のみならず月日までが違っているのです。とすれば、この二つの史料は別人のことを書いていると考えるのが常識ではないでしょうか。

ところが、どの教科書でも、両史料を聖徳太子のこととして扱っているのが現状です。金石文たる光背銘が本当の太子の死んだ年月日で、日本書紀のは理由はわからないがまちがえていることだけは確かだ、なんていう史料批判は非常におかしいと私は思います。

次に太子の妻の記事を見てください。

干食王后、仍《よ》りて以て労疾し、並びに床に著《つ》く。

と、「干食王后」の字が書かれています。従来、学者は、この「干食王后」とは、太子の四人の妻のうち、菩岐々美郎女《ほききみのいらつめ》のことだと説明してきました。なぜなら、「干食」には食に関係するという意味があり、菩岐々美郎女の父親の名が膳部《かしわでべ》、すなわち食事にかかわる部の臣であるところに共通点を見いだして、菩岐々美郎女を干食と呼んだのだ、と解釈しているのです。

しかし、この解釈には大きな矛盾があります。ここで、太子の四人の妻を挙げておきます。

〈正　妃〉菟道貝鮹皇女《うじのかいだこのひめみこ》（父＝敏達《びたつ》天皇、母＝推古《すいこ》天皇）
〈第二妃〉菩岐々美郎女（父＝膳部加多夫古臣《かたふこのおみ》）
〈第三妃〉刀自古郎女《とじこのいらつめ》（父＝蘇我馬子、子＝山背大兄王《やましろのおおえのおう》）
〈第四妃〉位奈部橘王《いなべのたちばな》（父＝尾治《おはり》王）

まず、正妃は両親が非常に高い身分です。太子の人柄、賢さもあったでしょうが、この時代を考えると、この妻と結婚したからこそ摂政になれたのではないだろうか、と思われます。

第三妃は、当時の最大の権力者たる蘇我馬子の娘で、しかも山背大兄王を生んでいます。山背大兄王はのちに悲劇の最期を遂げる人物ですが、事実上の太子の後継者でもあります。もし、釈迦三尊像が太子のために造られたとすれば、当然その造営の中心人物になっていたはずです。

そして、第四妃は、尾治王という地方の第一級の有力豪族の娘です。

こうして見ますと、膳部の臣の娘であった第二妃は、四人の中で一番身分の低いことがおわかりいただけるでしょう。

にもかかわらず、この人物を妃にしたというので、太子がいかに彼女を愛していたかの表われである、と文学者なら想像するでしょう。それはあたっているかもしれませんが、一番愛していただろうという話と、法隆寺の本尊の裏の金石文に書き記すという話とは別のものです(2)。

しかも、この銘文が太子の子供である山背大兄王たちによって刻まれたとするならば、肝心の山背大兄王の母（刀自古郎女）をないがしろにし、両親が天皇である正妃（菟道貝鮹皇女）もないがしろにし、さらに、有力豪族の娘（位奈部橘王）もまたないがしろにして、膳部の娘（菩岐々美郎女）のことだけを書き記す、ということがありうるでしょうか。私には、想像すらできません。このことを考えても、「干食王后」を妻とした「上宮法皇」とは聖徳太子ではないことが明確だといえるでしょう。

この見解を、『古代は沈黙せず』（駸々堂出版刊／ミネルヴァ書房復刊本、二〇一二）の中の「法隆寺釈迦三尊の史料批判(3)」という論文で発表しています。これに対しても、反論すらまだ出てきていません。

九州にいた「日出ずる処の天子」

次に、別の資料から、聖徳太子の問題を考察してみたいと思います。

その資料とは、隋書俀国伝の次の記事です。

隋書俀国伝の「多利思北孤」

（開皇）二十年（六〇〇）俀王、姓は阿毎。字は多利思北孤《たりしほこ》。阿輩《（わが）》雞彌《きみ》と号す。（中略）王の妻、雞彌と号す。後宮に女六・七百人有り。太子を名づけて利歌彌多弗利《りかみたふり》と為す。

ここには、七世紀の前半、わが俀国へやって来た中国の隋の使いが得た知識が書かれています。私たちが通常倭国と呼んでいるのを、ここではどういうわけか俀国と書き記しています。そして、その王は、姓が「阿毎」、字が「多利思北孤」となっており、また、俀国の人からは「阿輩《(わが)》雞彌《きみ》」（「阿輩」は〝わが〟の意）と呼ばれていることがわかります。さらに、この王の妻の名は「雞彌」というとありますが、「後宮に女が六、七百人有り」と書かれていることから見ても、「多利思北孤」が男であるのは確実でしょう。

わが国の七世紀前半といえば、女帝の推古天皇の時代にあたります。したがって、「多利思北孤」が推古天皇でないことは常識的にわかることです。ところが、なぜか昔から、この「多利思北孤」が聖徳太子のことだとされてきたのです。その証拠に、隋書俀国伝の中に出てくる有名な一節で、隋の煬帝に宛てた手紙にある、

日出ずる処の天子、書を日没する処の天子に致す、恙無《つつがな》きや云々

という名文句こそ、明治以来、今日まで、聖徳太子のセリフとして教科書に載っているのです。しかし、「日出ずる処の天子」を自称したのは「多利思北孤」であり、決して、推古天皇でもなければ、聖徳太子でもありません。

さらに、先に引用した隋書俀国伝のうしろに、多利思北孤の太子、すなわち子供の名前が「利歌彌多弗利」というとありますが、聖徳太子の王子は山背大兄王であり、そういう名前は持っていないのです。これらのデータから判断してわかるように、「多利思北孤」＝聖徳太子が誤りであることは明白です。

いいかえれば、この「多利思北孤」あるいは「日出ずる処の天子」とは、近畿の大和朝廷の王ではない、ということなのです。では、いったいどこの王なのか。

その決め手となるのが、同書の中に書かれた「阿蘇山有り」の一節です。いうまでもなく、阿蘇山は九州にあるのであって、大和盆地にはない。したがって、「日出ずる処の天子」を自称した「多利思北孤」とは九州にいた王である。この結論に到達せざるをえないのです。

にもかかわらず、教科書がこの事実に触れないのはたいへん残念であります[4]。

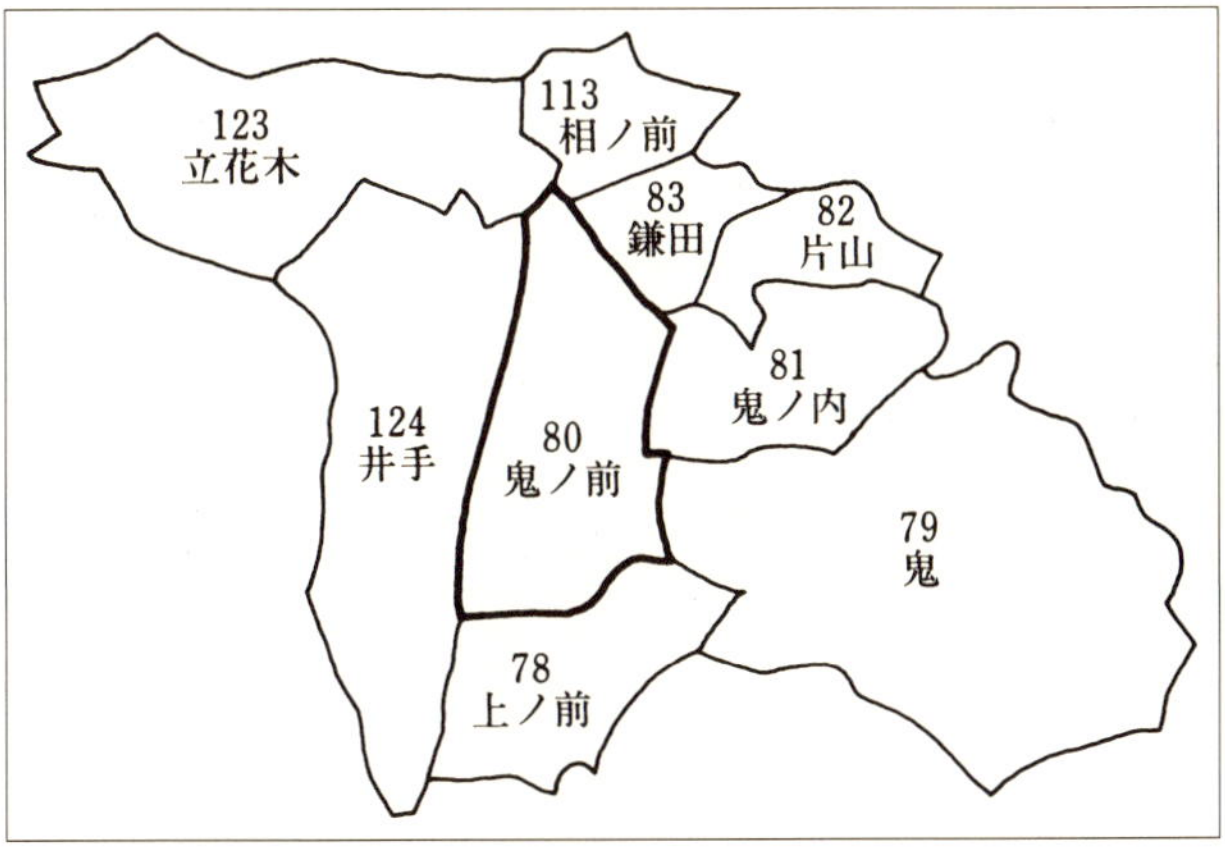

鬼ノ前周辺の字地図（いまの福岡県糸島郡桜井）

見え隠れする九州王朝の影

さて、法隆寺釈迦三尊の光背銘文に関して、楽しいお話をご紹介しましょう。

銘文の中で、どうしても解決できなかったのが、「鬼前太后崩ず」の「鬼前」という名称でした。通常、王子や王女の名前というのは、本人が生まれ育った場所の地名を採って呼ばれるものです。したがって、この「鬼前」も地名のはずなのですが、どこなのかがわからなかった。

ところが、福岡県糸島郡桜井に「鬼《おに》ノ前《まえ》」という地名があったのです。地図をあげておきましたので、ご覧ください。

いずれ近いうちに現地へ行って、よく調べてこようと思っています。ここだと断定はできませんが、一つの楽しい手がかりが現われてきたという感じがいたします（三月末、灰塚さん、鬼塚さんと、桜井神社の宮司さんのご案内で現地訪問）。

もう一つの手がかりを、これまで多くの学者が悩んできた「利歌彌多弗利」に関して見いだすことができました。

まず私は、「利」は一字名称であり、「歌彌多弗」は「かみたふ」と読んでみることにしました。そして、「かみたふ」という地名がないものかと現地の方に尋ねました。すると、福岡市の箱崎に「上塔《かみとう》ノ本《もと》」という地名があったのでした。近くには「下塔《しもとう》ノ本《もと》」という地名もありました。「塔」の古い読みは「たふ」です。この事実から考えますと、おそらく国書などに本人の「歌彌多弗の利」という署名があり、一応、「利となす」と読んで、「これは歌彌多弗の利と人が呼んでいる人物だ」というのではないでしょうか。この考えが絶対的のものとはいえませんが、この人物は「上塔ノ本」となんらかの関係を持っているのではないか、という手がかりを見いだしたわけです（その後、博多には「大利《おおり》」「惣利《そうり》」というように、「利」が地名単位になっていることを発見。一九九二年三月末）。

つまり、この問題においても、近畿の大和朝廷と結びつけると、なんの解釈も得られない、というのが現実であります。

注

（1）聖徳太子は日本書紀の用明紀では「廐戸《うまやと》皇子・豊耳聰《とよみみと》聖徳・豊聰耳《とよとみみ》法《のり》大王」と呼ばれている。推古紀では

「上宮太子」と呼ばれている。

（2）家永三郎・古田武彦『聖徳太子論争』『法隆寺論争』（新泉社刊）参照。

（3）「仏教史研究」第二十六巻第二号、昭和五十九年。

（4）教科書が近畿天皇家中心のイデオロギー（Tennology テンノロジー）から〝自由〟になる日は、いつであろうか。

第十二の扉　九州と朝鮮半島——言葉と出土品

韓国古代史への入口「創氏改姓」

「第一の創氏改姓」あり

　次に、韓国での収穫への入口、というテーマに入りたいと思います。皆さんは、「創氏改姓《そうしかいせい》」(1)という言葉をご存じでしょうか。私はこの言葉を、今年の三月に韓国旅行したおり、済州島出身のガイドさんから聞きました。創氏改姓とは、戦前の日本が日韓併合の時、韓国人に押しつけた悪名高い政策で、韓国人に自分たちの姓名を捨てさせ日本風の名前を名乗れと強制したものなのです。ちなみに、日本が韓国を併合したのは、明治四十三年（一九一〇）八月のことです。この創氏改姓はいうまでもなく、当時韓国の民衆に非常な屈辱を与えたものです。いまもそのように強く記憶されています。

　韓国旅行をしながら考えたのが、「第一の創氏改姓」というテーマでした。これはどういうことかといいますと、日本が戦前に強行したのは「第二の創氏改姓」であり、それ以前に「第一の創氏改姓」があった。日本がやった「第二の創氏改姓」はとんでもない悪行であり、それを一言も弁明したりするつもりはありません。その事実の確認の上でいうのですが、実は韓国の歴史を考える上で大事なのは「第一の創氏改姓」である、ということなのです。

こんにちの韓国では、金さん、朴さんなど中国風の一字姓が多いのですが、では、ずっと昔からそのような姓が一般的だったかとなると疑問です。

その問題に関連して、重要な中国の書物があります。それが、周の戦国時代、日本で言えば縄文時代の晩期につくられた『山海経《さん(せん)かいきょう》』です。山海経は、わが国の倭国が出てくる一番古い本として知られている書物です。その書物の中に、「蓋国《がいこく》」という国が登場してきますが、この国は、「北は鉅燕《きょえん》に接し、南は倭に接していた」と書かれているのです。海の向こうに倭がある、という表現ではないのです。すなわち、朝鮮半島の南端部、現在の韓国にあたる地に倭人と呼ばれる人々がいた、ということが書かれているわけです。

さて、紀元前一世紀（日本の弥生時代前半）、扶余の第二夫人が長男と次男を連れてやって来て、百済の統一が始まりました。そのころ、いまのソウル周辺は無人地帯だったのでしょうか。そんなことはありません。先住民族がいたのです。その証拠に、地面を掘ると日本の縄文土器に似た土器類がたくさん出土してくるのです。その先住民族を彼ら騎馬民族が征服してできたのが百済なのです。

ここで、言語に関する私の基本的な考え方を申し上げます。Aという支配民族、Bという被支配民族があったとします。AがBを支配した結果できあがる新しい民族語は、AとBの混合語になるのではないか、というものです。

私の考えに立てば、この場合、朝鮮半島の南端部には山海経によると倭人（B）がいたわけですから、百済（A）が建国された時、新しい民族語の中にBの言語が含まれるのは当然のこととなります。

たとえば「ナラ」という言葉があります。日本語では奈良県のナラですが、韓国語でウリナラといえば「わが祖国」という意味になります。だから奈良県を開いたのは韓国人である、との説を唱える人（たとえば、金達寿氏）[(2)]がいます。しかし、日本にはナラという地名は奈良県以外にもたくさんあり、しかも日本語では「ならす」、すなわち土地を平らにするという動詞と結びついている言葉なのです。そうすると、ナラは本来日本語かもしれない、というゾッとするような話にもなりますが、論理的にはありうる話であります。百済語や韓国語の中に日本語が含まれている、という重要なテーマについて論及した韓国の学者は、まだいないようです。

百済「侵入」以前の先住民の場合、彼らがもし倭人だったら当然中国風の一字名称ではありません。また、朝鮮半島の中南部の日本海側に濊《わい》という国がありましたが、ここでも中国風の一字名称ではなく、濊風の姓を名乗っていたことでしょう。百済でも、「鬼室集斯《きしつしゅうし》」というような変わった姓が日本書紀に出てきています。

また、日本の古事記・日本書紀にあたる韓国の書物に『三国史記』があります。この三国史記を見ますと、「乙支《おつし》」や「黒歯《こくし》」という一字名称でない姓が出てきます。これも、古くからの民族名称といえるでしょう。ところが、現在の韓国にはこういう姓は、ほとんどないのです。それはなぜか。

それは、ある時期、姓を中国風に改めるという創氏改姓が行なわれたことを物語っているのではないか。すなわち、「第一の創氏改姓」の存在なのです。この関所を通らなければ、韓国古代の歴史は見えてこない、と私は考えるのです。この関所こそが、私にとっての韓国古代史への入口なのです。このように考えるのはまちがっているでしょうか。

新羅第四代の王は日本人だった

韓国古代史の入口に入って、具体的な問題について考えてみたいと思います。はじめに、三国史記巻第一の新羅本紀第一をご覧ください。

脱解《だっかい》尼師今、立つ。一に云う、吐解。時に年六十二。姓は昔。妃は阿孝夫人。脱解、本《もと》、多婆那《たばな》国の所生なり。其の国、倭国の東北一千里に在り。初め其の国王、女国の王女を娶《めと》りて妻と為す。娠有り。七年乃ち大卵を生む。王曰く、人にして卵を生む。祥ならざるなり。宜《よろ》しく之を棄つべし、と。其の女、忍びず。帛《はく》を以て卵並《なら》びに宝物を以て櫝《とく》中に置く。海に浮べ、其の往《ゆ》く所に任《まか》す。初め金官国の海辺に至る。金官の人、之を怪しみて取らず。又辰韓の阿珍浦口に至る。是、始祖・赫居世在位の三十九年（前一九）なり。時に海辺の老母、縄を引きて海岸に繋ぐ。櫝を開きて之を見るに、一小児の在る有り。其の母、取りて之を養う。壮身長、九尺に及ぶ。（中略）楊山の下、瓠公の宅に望むに、以て吉地と為す。詭計を設けて以て取りて之に居す。其の地、後に月城なり。

二年（五八、後漢、永平元年）春正月、瓠公を拝して大輔と為す。二月、親しく始祖の廟を祀る。

ここでは、新羅の第四代の王である脱解《だっかい》王の経歴が記されています。その中に、「脱解王は多婆那《たばな》国で生まれた。その国は倭国の東北一千里にある」と書かれていますが、結論から申し上げれば、この倭国の中心は博多湾岸にあったのだと思うのです。

脱解王が即位した年は後漢の光武帝の建武中元二年、つまり例の志賀島の金印が贈られた年にあたります。当時は、博多湾岸が中心であったというのはわかりきったことですから、この記事の中で倭国といっているのは博多湾岸であることはまちがいありません。そして、「其国在倭国東北一千里」(3)の里単

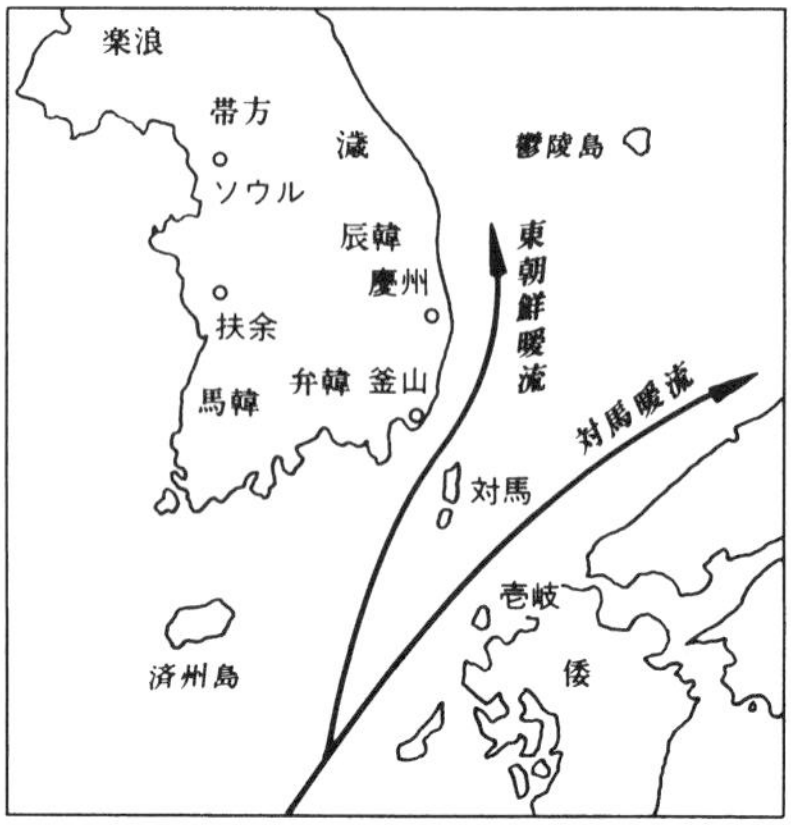

対馬暖流と東朝鮮暖流

位は、倭人伝と同じ短里（一里＝約七十七メートル。周・魏・西晋が採用）であると考えられますから、多婆那国を指す「其国」とは北九州・下関の位置にあたることになります。それは、別の観点からも証明できます。

右の記事を読み進んでみましょう。

多婆那国で子供が生まれたが、それは大きな卵だった。父王は棄ててしまえと言ったが、母親はしのびずに卵を船に乗せて海に流してやった。船は金官国（今の釜山）に着いたが、現地の人は取ろうとしなかった。次に辰韓の阿珍浦口（今の慶州）に流れ着いた。現地の老女が拾い上げて卵の中を見たところ一人の子供がいた。しばらく養っていたら立派な青年に成長した。その青年はたいへん賢く、宮中に仕えることとなった。青年は、新羅の第二代の王に認められ、その王の娘婿になった。第三代はその王の息子であったが、そのあと彼が即位する。それが第四代の脱解王である……。

こう書かれているのです。私は、この脱解王は下関の日本人であると考えます。しかも、この話は関門海峡の海流の動きに則しています。下関を起点とすると、潮流は時間帯によって、瀬戸内海へ行ったり玄界灘へ行ったりする。玄界灘へ突き出されると対馬暖流に出会い、壱岐・対馬を離れるあたりで北上する東朝鮮暖流に乗るわけです。それが慶州付近を通過するわけです。

もし、この里単位を秦・漢代の長里（一里＝約四百三十五メートル）とすると、「其国」は出雲でとどまらずに能登半島あたりまで行ってしまう。能登半島から沖合に船を流しても、釜山や慶州のほうにはたどり着かないのです。したがって、短里が正しいのです。そして、脱解王は門司・下関の日本人なのです。

朴姓に変えられた「ひさご」さん

次に、同書の別の記事を見てみましょう。

三十八年（前二〇）春二月、瓠公《ここう》を遣わして馬韓に聘《へい》せしむ。（中略）瓠公は、未だ其の族姓を詳かにせず。本《もと》、倭人。初め、瓠を以て腰に繋ぐ。海を渡《わた》りて来る。故に瓠公と称す。

ここでは、瓠公という不思議な人物がいて、第一代から第四代の王のもとで実力を発揮し、結局、臣下としてナンバー・ワンの権力を握ったことが書かれています。その瓠公について、「瓠公はいまだその族姓を知らず。もと倭人」とはっきり書かれています。したがって、第四代の治世においては国王も倭人、ナンバー・ワンの権力者も倭人ということになります。

さらに、続いて「初め瓠《ひさご》を以て腰に繋ぐ。海を渡りて来る。ゆえに瓠公と称す」とあります。この話は実は人名が初めにあってあとから説話がついた人名説話だと考えられます。つまり、「ひさご」というのはこの人物の姓ではなかったか、ということなのです。

「ご」という語尾を持つ地名は、田子《たご》の浦の「子」、英虞《あご》湾の「虞」、愛宕《あたご》の「宕」など、たくさんあります。また、「さ」という語尾を持つ地名も、土佐、宇佐など数多くみられます。そうしますと、当然「ひさ」という地名もありうるはずですし、また「ひさご」という地名もあってしかるべきと思います。となると、そこに住んでいた人が「ひさご」さんといわれていた、すなわち「ひさご」を姓としていた、こうも考えられます。また、「ふくべ」だった可能性もありましょう(4)（「瓠」は「ふくべ」ともよむ。ふくべもひょうたんと同意）。

次に、新羅本紀第一の冒頭の記事をご覧ください。重大な史実が書かれています。

始祖、姓朴氏。諱は赫居世。前漢の孝宣帝、五鳳元年（前五七）甲子、四月丙申　一に曰く正月十五日即位す。号して西干に居す。時に年十三。国、徐那伐と号す。（中略）高墟村長・蘇伐公、楊山の麓・蘿井傍林の間を望むに、馬の跪きて嘶く有り。則ち往きて之を観るに、忽ち馬を見ず。只大卵有り。之を剖《さ》くに、嬰児有りて出づ。則ち収めて之を養う。年十余歳に及ぶに、岐嶷《きぎ》然《ぜん》として夙《しゅく》成す。六部の人、其の生きる神異なるを以て之を推尊す。是《ここ》に至りて立てて君と為す。辰人、瓠《ひさご》を謂ひて朴と為す。初めの大卵、瓠の如くなるを以て、故に朴を以て姓と為す。西干に居す。辰、王と言う。或は云う、貴人を呼ぶの称。

ここでは赫居世《かくきょせい》の経歴が書かれていますが、この王も大きな卵から生まれた、すなわち「卵生説話」の人物です。そのあとに、

辰人《しんじん》（新羅の人）は、瓠《ひさご》を謂いて朴《ぼく》となす。初めの大卵、瓠なるがごときをもって、故に朴を以て姓となす

とあります。新羅の王家の姓が初めは朴さんだったのは有名な話ですが、朴というのは実は瓠のことだ

った、それを同じ意味だったので朴といいかえた、こう語っているのです。すなわち、これが私のいう「第一の創氏改姓」なのです。

瓠では、そのまま中国名とするわけには行かず、字面にも落ち着きがない。訳したら朴という中国風の名前となった、ということが書かれている。だから、創氏改姓の結果が朴さん、その前は瓠さんだったわけです。大きな卵云々は、あとでつくられた人名説話でしょう。

族譜に秘められた可能性

このように論証を進めてきたわけですが、すでにおわかりのように、瓠公と赫居世とは同じ瓠姓だったことになります。

たとえ瓠公が切れ者でも、ひょうたんをぶら下げてやって来た人物が短期間のうちに第一の権力者へと登りつめるというのは考えられない。ところが同姓なら、一方は国王、片方はナンバー・ワンの側近というふうに、互いに手を組んでやっていくのは不思議ではありません。また、脱解王を養子にした心理も理解できます。そうすると、新羅の国王は日本人だった、という可能性は高くなります。

それを調べる方法はあります。日本列島の中で「ひさご」さんを捜し出し、その家に伝わる伝承を調べるのです。あるいは、韓国の家には族譜という詳しい家系図のようなものがあります。これは歴史家にはたいへんちょうほうな資料でして、朴さんの族譜を調査すると、書きかえがあるかもしれませんが、何か出てくる可能性も否定できません。もし、朴さんがもともと倭人だったら、姓だけでなく名前についても倭人の痕跡が残っているかもしれません。

このテーマは、日本人にとっても韓国人にとっても、まったく未開拓の分野であります。しかし、人間が、いってみれば「好奇心を持った猿」である以上、いずれだれかが着手することでしょう。ここでお話したことは、けっして断言するものではありませんが、このような作業仮説を立てること自体は許されるべきであろうと思います。それを、けしからんといって頭から否定する人があれば、その人は近代国家の毒に冒された人たちである、と私は考えるものであります(5)。

韓国に残る日本語地名

脱解王に関連して、ゾッとするような話があります。先に紹介した脱解王の記事の中に、「姓は昔」であると書かれているのに注目してください。

脱解王は下関からやって来た人物でした。その下関の近くに、上関という地名もあるそうですが、下関と上関を含んだ地域が関という地名になります。そこからやって来れば、その人の姓は関さんです。関さんという姓はよくあります。

こういう点が気になったきっかけは、古事記の応神天皇記にある「天之日矛《あまのひぼこ》」の話を読んだ時です。その話とは、

新羅国に阿具奴摩《あぐぬま》という沼があり、その沼のほとりで一人の貧しい女が昼寝をしていた。太陽がその女性の陰部を照らしたところ、赤い玉が産まれてきた。それを見ていた貧しい男は赤い玉を取り上げ、山中で出会った国主の子たる天之日矛に捧げた……。

という話から始まっています。さらに、

天之日矛は玉を家に持ち帰っていった。その玉は美しい娘になり、二人は結婚した。ところが、ある日のこと、妻となったその娘は「私はあなたの妻となるべき女ではありません。私の先祖の国へ帰ります」と言い残して、小舟に乗り、日本の難波へ行ってしまった。天之日矛は逃げ去った妻を追い

かけて難波まで来る途中、いったん妨げられ但馬にとどまった……。

と続いていきます。この話の中で私の気になったのが、「阿具奴摩」という言葉でした。古事記の読み下し文では「阿具沼」となっていますが、「奴摩」は沼のことでしょう。この言葉は日本語地名なのです。しかし、新羅のど真ん中にある沼ですから私はおかしいなと思いつづけてきたのですが、やはりこれは日本語なのです。また、「天之日矛」を「あまのひぼこ」と読むのも完全な日本語なのです。そういうことで、私は、天之日矛は脱解王の息子ではないかと考えております。

このように、韓国の真実の歴史を探る武器が、私のいう「第一の創氏改姓」なのです。歴史学の問題としては、中国風の一字名称に変更させられたのはいったいいつの時代か、ということになります。その一つの見当づけが、いま述べた地名の問題から得られるというわけです。

『三国遺事《いじ》』という朝鮮の古代史を書いた書物がありますが、その三国遺事の巻一に、

阿羅伽耶《あらかや》、古寧伽耶《こねいかや》、大伽耶《だいかや》、星山伽耶《せいざんかや》、小伽耶《しょうかや》

と、五伽耶《ごかや》が書かれています。

それを、『李朝史畧《りちょうしりゃく》』という書物では、太祖の天檀五年（九四〇）、つまり統一新羅が統一高麗に滅ぼされて五年目の年に、五伽耶の名前が改められた。それが、金官、古寧、非火、阿羅、星山である。それが、さらに現在では（統一高麗の時の改姓でしょう）、咸安《かんあん》、咸寧《かんねい》、高霊《こうれい》、享山《きょうざん》、固城《こじょう》と完全に中国風地名になっているのです。ところが、その前の伽耶は中国風とはいいがたい。ましてや、阿羅というの

はまったく中国風を感じさせません。

では、この阿羅とは何語かというと、私は日本語ではないかと考えているのです。

「阿羅」が日本語ではないかという仮説は、私が「君が代」問題を論考する中で生まれてきたものであります。詳しくは、『「君が代」は九州王朝の讃歌』（『市民の古代』別巻2、新泉社刊）(6)をお読みいただきたいと思います。ここでは、その論証の骨子を申し上げます。

「君が代」の歌に隠された糸口

皆さんもよくご存じのように、「君が代」とは『古今和歌集』の「賀の部」の冒頭を飾る、しかも「読み人知らず」と明記された歌であります。

君が代は　千代に八千代に　さされ石の　いはほとなりて　こけのむすまで

実は、この歌は福岡県の糸島・博多湾岸でつくられた歌であることを発見したのです。といいますのは、最初の「君が代」を除くすべての言葉がこの地域の中にあるからです。

たとえば、「千代」という町名が福岡市の中心部にあります。「さされ石」に関しては、「さざれ石神社」が糸島郡にあります。「こけのむすまで」については、糸島郡船越の桜谷神社の祭神が「苔牟須売《こけむすめ》神《かみ》」という女神であります。

「いはほとなりて」に関しては、あの「三種の神器」セットを出土する井原遺跡(7)があります。この井原を地元の人たちは「いわら」と発音していることを現地の鬼塚敬二郎さんから教えていただきました。私は当初、井原遺跡が田んぼの中に存在するところから、井戸のある原っぱの意味かなと思っていたのです。ところが、井原遺跡の南方の山の名前が井原山であるのを知った時、疑問が生じました。「井戸

志賀海社で毎年四月十五日に行なわれる「山ぼめ祭り」（口絵参照）

のある原っぱの山」では、意味不明だからです。ところが、そのとき「いわら」という、と聞いて、私の疑問が解消したのです。つまり、土地の人たちがいう「いわら」とは「岩羅」のことだったわけです。「君が代」の「いはを」の「を」は接尾語ですから、語幹は「いは」となります。

ここで、「岩羅」＝「いわら」が、先の「阿羅」と関連してくるのです。

糸島郡の隣に早良《さわら》郡というのがありますが、現在の漢字表記は当て字であって、本来は、「沢羅」だったと思います。また、志賀島の志賀海《しかうみ》社の元祖は「磯羅《いそら》」。ただし、現在は「磯良」と書いています。いずれも、岩、沢、磯などの自然地形を表わす単純な日本語に接尾語「羅」がついたものなのです。おそらく「神聖なる岩・沢・磯のあるところ」という意味なのでしょう。

さて、右に挙げた志賀海社では、毎年四月十五日に「山ぼめ祭り」という祭礼が行なわれています。当日、私も行ってみましたが、なんと祭礼の中で、「君が代」が（歌われるのではなく）述べられていたのです。そして、農民たちが「ネギ（禰宜）」と称してドラマを演じるのですが、セリフが決まっています。

あれはやあれこそは、我が君のめしのみふねや。
香椎路に向かいたる、あの吹上の浜千代に八千代まで。

このように、「千代」という言葉が地名としてはっきり出てくるのです。その上、ネギさんたちによって、「君が代」が土地の風俗歌・地歌として述べられるという次第であります。当然、この神社の勢力範囲は糸島・博多湾岸です。したがって、「君が代」の歌は、九州王朝の筑紫の君が、祭りの最後の日にわざわざ船に乗って来てくださる、それを祝うための歌だった、というのが私の解釈であります。

いま、「阿羅」という言葉に関連して、「岩羅」「沢羅」「磯羅」を示し、いずれも「羅」という接尾語のついた日本語であることを論証しました(8)。そうしますと、韓国の古い名称である「百済《くだら》」「新羅《しらぎ》」もまた日本語ではないか、という重要な問題が次に出てくるのです。つまり、地名を中国風に変更することと、人間の名前を中国風に改姓することとは、関連性を持っている、と思います。

これは一つのアイディアであり、作業仮説です。しかし、「創氏改姓」の時期を特定するのは、それほどむずかしいことではないと思います。いまのところ、中国から入ってきた儒教が国教化したことと、この「創氏改姓」の「完成」とは、関係があるのではないか、と考えています。いずれにしましても、「第一の創氏改姓」という扉を実証的に通らずして、リアルな韓国の歴史は見えてこない、ということを再度力説させていただきたいと思います。

半島出土物の再検討

韓国の「前方後円墳」　近年、韓国内の出土物が報道され、日本人に一種のショックを与えることが多いようです。

たとえば、前方後円墳。慶尚南道固城郡固城邑の松鶴洞一号墳が日本でも話題を呼びました。私も二回現地をおとずれたのですが、その感想は、次の二点でした。

第一、石室などはもちろん、周辺の発掘も行なわれていないから、厳密に学問的判断をもつことができない（前方後円墳ではなく、二墳の並存であるとの見方もあり、森浩一氏の反論を呼んだ）。

第二、外見からは、確かに前方後円墳としての形状が観察されるけれども、それはけっして日本列島の前方後円墳群の中で「最古期」のものとは見えなかった（ことに九州の前方後円墳との形状類似が指摘されている）。

以上です。ですから、この古墳をもとにして「日本の前方後円墳は、韓国からの伝播」という結論は、とても出せそうにはありません。

しかし、韓国でこの問題を提起された姜仁求氏（嶺南大学校）によると、氏が「前方後円墳」の可能性ありとしてあげておられる古墳は三十五基以上にわたっています。

漢江流域　――二基
栄山江流域――十一基
南海岸地区――一基（松鶴洞一号墳）

洛東江流域――二十基以上
慶州地方　――一基

これらの古墳を私は実地に観察していませんので、なんら「断言」できる段階ではありません。ただ私には、この姜氏の提言のしめす「分布図」を見て、一つのショックが感じられたのです。それはその最多密集域が「洛東江流域」と「栄山江流域」（済州島の北方、木浦を河口とする地帯）であり、いずれも私が「倭地」として〝予想〟した地帯であることです。もちろん、それは「古墳時代」のことです。「南海岸地域」にあたる、松鶴洞一号墳については、いうまでもありません。いまは田畑の平地上に突き出した形の丘陵部ですが、かつて（古墳時代）は海（朝鮮海峡）が入り込んでいて、その南方の海を前に突出した丘陵部であった可能性が高い、と思いました。松鶴洞一号墳の被葬者は、朝鮮海峡、玄海灘海域の「海の王者」だった、と思われるのです。

ついで、日本の研究者にショックを与えたのは、金官伽耶に属する、と思われる大成洞古墳から出土した巴形銅器です。これは、従来日本列島の弥生、古墳時代の遺跡の出土品として特徴的なもの、とされていました。それが韓国から出土したのです。

しかも、この巴形銅器のスタイルは、近畿地方の古墳から出土するものに似ています。この点、「朝鮮半島には、大和朝廷の痕跡なし」といってきた論者（李進熙氏など）に対する「反証」となるかもしれません。

しかし私の関心は別の点にありました。本来、この近畿の古墳出土の巴形銅器は、北部九州の弥生遺跡の出土物（肥前、筑紫）からの「伝播」です。時間帯から見て、この逆はありえません。

したがって今回の大成洞古墳出土の巴形銅器も、同じ性格のもの、そう考えざるをえません。そう、

「弥生の北部九州からの伝播」です。ここにも「朝鮮半島内の倭地」問題があります（大成洞古墳群出土の「玉杖」にも、「韓国―近畿」間の共通性があるようです）。

私にとって右のような問題自体はめずらしいものではありませんでした。なぜなら今回（一九九二、三月）も訪れた高霊岩刻画（慶北、高霊郡開津面良田洞）を知っていたからです。

ここには、日本の装飾古墳の特色ある装飾壁画とソックリといっていいデザインが岩壁に刻画されています。日本でも、古墳の内壁だけではなく、岩壁に刻まれた例もありますから、当然「一連のもの」と考えざるをえません。

ところが、韓国側ではこれを「青銅器時代」のもの、としています。日本でいう「弥生時代」です。とすれば、伝播関係は「韓国―九州」となりそうですが、実はそうはいきません。なぜなら、九州では相当量の装飾壁画があり、それには「前期、中期、後期」と前後関係がつけられています。その中にこの「高霊岩刻画」を入れてみると、「前期後半」か「中期前半」くらい。けっして「冒頭部」ではありません（熊本県の八代、天草あたりにもっとも初期の刻画があるようです）。

では、なぜか。問題は、韓国側の「判定」方法にあったのではないか、と思います。というのは、この岩壁の「付近から出てきた石器や無文土器」が「青銅器時代」（口縁部加帯式。青銅器時代後期）であったことからの判定のようですが、当然ながら「岩壁刻画」と「付近の土器」との関係は「特定」できません。韓国では、同類のデザインが出土していませんから、やむをえなかったのかもしれませんが、やはり現代の国境にとらわれぬ、学問的方法の普遍性に立てば、九州における装飾壁画群の中の一端、つまりその「伝播」としてとらえる。それが正当な方法だと思います。

つまり「古墳時代の倭国の勢力の北限部」をしめすもの、率直にいって、私はそう理解していたので

韓国出土の「三種の神器」（金海・良洞里。口絵参照。『週刊朝日』1992年3月27日号掲載）

す。ですから、今回の「前方後円墳」「巴形銅器」問題も、私には必ずしも驚くものではなかったのです。

「三種の神器」が韓国で発掘された

最後にとりあげたいのは、韓国旅行中、韓国の新聞に掲載され、日本の週刊誌（『週刊朝日』一九九二・三・二七号）にも掲載された伽耶の良洞里から出土した「三種の神器」です。従来はもちろん北部九州、それも糸島・博多湾岸に限られていたのです。例の吉武高木（福岡市）、三雲（糸島郡）、須玖岡本（春日市）、井原・平原（糸島郡）です。

今回の出土で、「すわ、三種の神器の淵源は韓国」といいたい人もいるかもしれませんが、実は、逆です。なぜなら、この中の「鏡」は「小型伝世鏡」と呼ばれる、日本列島産、つまり「倭国製」の鏡です。右の五つの「三種の神器」墓の中の「多鈕細文鏡」「前漢・後漢式鏡」「き鳳鏡」より、あとのもの、あるいは「補完」形だからです。したがって「北部九州→韓国」の「伝播」であり、決してその逆ではありません。

この「三種の神器」セットは、いうまでもなく「倭国」の中心のシンボルです。したがって少なくとも弥生時代では、右のような限られた領域でしか出土しないのです。とすれば今回の出土は、この「伽耶地域」が倭国の領域、それも中心領域の一端に属したこと、それが証言されているのです。

このような出土があると、すぐ「これが日本の朝鮮支配をしめすなどと、決していってはならない」と、ブレーキをかけようとする日本の考古学者がいますが、これも一種の「反イデオロギー」です。

私たちは、韓国側、日本側、いずれのナショナリズムにも、〝目をおおわれ〟てはなりません。そんな、近代国家の〝わがまま〟に遠慮していては、歴史に対して失礼です。私はそう思います。

なお、この良洞里出土の「三種の神器」は吉野ケ里の西側甕棺（墳丘墓中央部）出土の十字型銅剣（類似）と管玉（弥生中期）とこの「小型伝世鏡」（弥生後期）を「共伴」している点、九州では、いわゆる「弥生中期」と「弥生後期」とはほぼ同時期であり、「正・補」の関係に立つという、私の年来の「仮説」をあるいは立証してくれているようです。

真実の歴史の扉を開ける時が来た

さて、いよいよ私に与えられた時間も残り少なくなってきました。

私が、四日間にわたって皆様に申し上げたかったことは、もう一度、私たちの歴史を見直そうではないか、ということであります。いいかえれば、明治時代以来の近代国家がつくりあげた教科書を見直して、「本当の歴史」を見つけ出していく、その時期がいまやってきているということであります。

近代国家というものは、生活の向上など非常によいことをしてくれた一方で、権力者の利益になる知識を教科書にして国民に教え込むという、非常に怖い一面も持っていたのです。それは、日本のみならず、どの近代国家も同様のことです。日本の場合は、明治において、天皇家を歴史の中心に据える天皇家中心史観がつくられました。私は、天皇家には天皇家なりに日本の歴史において果たした重要な役割があることを、もちろん否定しません。しかし、天皇家の役割をリアルに見ることと、「日本の歴史の初めに天皇家あり」という態度とは、おのずから別であります。

権力者がつくりあげた歴史にのみ従うような時代は、もう過ぎ去りました。今は、人間が本当のことを知りたい、といいはじめている時代です。自分たちの真実の歴史を知ることによって初めて、近隣の国々とも仲よくなり、すじを通した上で本当の幸福を得ることができるのです。

では、だれが真実の歴史を探究しうるのか。それは、けっして学者だけの仕事ではありません。その作業は、歴史に関心を持つすべての「素人」の手にゆだねられているのです。素人の感覚で歴史を見る眼こそもっとも大切なのであります。そういう意味で、今回の私のお話が、今後、皆さんがご自分なりに歴史を探究していくための「扉」となれば、これに優るものはない、そのように思っております。

注

（1）「創氏改名」という表現も用いられている。「氏名」を改めさせた、の意である。
（2）『日本の中の朝鮮文化』（講談社文庫）。
（3）「其の国は倭国の東北一千里に在り」。
（4）日本には現在でも「久後（ひさご）」「福辺（ふくべ）」「福部（ふくべ）」等の姓がある。
（5）いかなる国民も、自分の国のナショナリズムによる「歴史汚染」から、自由になる権利をもつ。また自由にならねばならぬ。
（6）その続篇として『「君が代」うずまく源流』（新泉社刊）がある（古田・灰塚照明・古賀達也・藤田友治共著）。

（7）三雲遺跡とともに、細石神社の裏手にあたっている（井原は三雲の南）。

（8）「津々浦々」「村々」の「うら」「むら」も、同類であろう。

V 《新しい古代史》の扉をひらく

第十三の扉　吉野ケ里の仮想敵国

弥生時代から古墳時代へ

最後に、最近の発見について、報告し、第十三番目の「独創の扉」とさせていただきます。

南部九州への侵略

それは、あの吉野ケ里です。「何をいまさら」と思われる方もおありでしょうが、そうではありません。

実は、吉野ケ里について、だれでも知っている、いわば〝周知〟の問題、それがだれにも、どの学者にも解けず、〝放置〟されてきていたのです。もちろん、この私をふくめてです。

それが解けた、私には「解けた」と感じられた。そういう発見です。

話は変わりますが、現在という〝時間帯〟の日本、その最大の特徴、それは「仮想敵国の喪失」ということだと思います。昨年まで「仮想敵国」とされていたもの、それはいうまでもなく、「ソ連邦」でした。その〝襲来〟の日を想定して、「自衛隊」は装備を年々高め、アメリカ軍は日本列島に〝滞在しつづける〟根拠を見いだしていたのです。その肝心の「仮想敵国」が、ソ連邦の解体で、一応〝消滅〟してしまった、ということになりましょう。

このような現在の経験の中で、私は考えました。それは、次のテーマです。

「吉野ケ里にとっての〝仮想敵国〟はだれだったか」

と。

あれだけの、軍事的な巨大要塞です。たいへんな労働力が長期にわたって投入され、掘削維持されていたはずです。そのような大事業が、何の目的もなく、いいかえれば、

「だれに対して、守るのか」

を考えずに、作られたはずはありません。つまり、「仮想敵国」は、必ず〝あった〟のです。

実はこの点、「吉野ケ里の〝予想〟した侵入者」、つまりいままでいう「仮想敵国」についてすでに論じたことのあるのは、ほかならぬ、この私でした。それを、

「南九州（薩摩から肥後に及ぶ）」

と考えたのです。

なぜなら、弥生時代の前半期、朝鮮半島から対馬・壱岐を第一ポイントとして、北部九州に「金属器」が流入してきたとき、九州は、

(a)金属器（銅・鉄）の武器をもつ北部九州

(b)それらをもたぬ南部九州

とに二分されました。そのとき、

「北部の、南部に対する軍事的優位」

吉野ケ里遺跡（毎日新聞社提供）

が確立し、その結果、

「北部から、南部への侵略」

が開始されたのです。それは「生口（捕虜）」や「め（女）たち」などの獲得のためです。それはただちに、〝生産力の増強〟を意味していた。

けれども、その結果、「北」はたえず「南」からの〝奪還〟と〝復讐〟にそなえねばならなくなったからです。――これが「吉野ケ里、築造の目的」、私はそう考えたのでした。

弥生時代の終焉と吉野ケ里

さて、吉野ケ里に関する〝周知〟の、しかも、だれも解決できなかった問題、それは何か、というと、

「弥生末期の消滅（機能停止）」

という問題です。

あの巨大な、V字型の環濠の中から見いだされた土器、それはほとんど弥生時代の土器でした。その上、おびただしく出土した甕棺（みかかん）も、すべて「弥生時代の土器」です。前期、後期の甕棺が若干（二、三割）あったものの、ほとんどは「中期」の甕棺でした。

それに対し、V字型の環濠から「古墳時代の土器（土師《はじ》器・須恵器）」はほとんど出てきません。先にあげた、弥生時代の土器です。そのうえ、古墳時代の墓（土壙墓、石棺墓など）も、きわめて少ない。先の「甕棺」墓に比べると、雲泥の相異です。

このような状況から見ると、先に述べたように、

「吉野ケ里は、弥生時代にさかえ、その終わりごろ〝消滅〟した。すなわち、その軍事的機能を失った」

そのように見なすほか、ないのです。これが〝周知〟の実態なのです。

しかし、

「それは、なぜ」

こう問われると、従来は、だれも、どの学者も、〝黙って〟しまうほかなかったのです。

呉朝の消滅と吉野ケ里のゆくえ

仮想敵国は「呉」だった　倭人伝によれば、卑弥呼は、魏朝の天子（明帝）から「親魏倭王」の金印を与えられた。これは、有名な話だ。

しかしこの称号はすなわち、

「反呉倭王」

を意味した。これは当時、「魏・呉」が両者ともに、「天子」を誇称し、〝共に天をいただかざる〟立場にあったことを思えば、当然のことです（もちろん、山奥の西方に、同じく「蜀」が「天子」を称していたけれど、これは地理上、倭国とは直接の〝関係〟がなかった）。

したがって魏朝と〝深い主従・盟約関係〟を結んだ倭国は、即座に、いつ呉の海軍船団の襲来をうけてもやむをえぬ、そういう立場に立つこととなったのです。すなわち、呉朝を、

「仮想敵国」

とする立場、そういう厳しい断崖絶壁に、倭国は立つこととなったのです。そのような「危機意識」の物質的表現、それがこの吉野ケ里だったのです。

復元された楼観（物見やぐら）

そうです。呉がもし襲来するとすれば、この有明海を北上してくる可能性がある。それが吉野ケ里の「楼観」、あの物見やぐらの目的だった。その上に立つ兵士たちの目は、他のいずこよりもまず、

「有明海に侵入し、北上してくる呉朝の巨大船団」

の影におびえていたのです。

その呉朝は消滅しました。西晋[1]朝の南下軍が呉朝の都、建業（南京）に殺到し、呉の「天子」孫皓は、降服し、捕虜として洛陽に曳《ひ》かれてゆきました。

（太康元年、二八〇）皓、家を挙げて西遷す。（中略）五年、皓、洛陽に死す。〈呉志、三嗣主伝〉

と、三国志は、その悲劇を簡潔に描写しています。

その瞬間、吉野ケ里のもっていた「軍事的役割」は消滅したのです。「仮想敵国」が消滅したのですから。

やがて三十六年のちの、建興四年（三一六）、今度は、その西晋朝が滅亡します。北方の「蛮族」であった、匈奴や鮮卑が南下し、洛陽や西安を占領したからです。いわゆる「北朝」の成立です。

これに対し、西晋朝の一派（元帝）は、建康において新王朝を樹立します。これが東晋朝、いわゆる「南朝」の成立です。

つまり、「南北朝時代」が到来したのです。このことは、東アジアの軍事情勢、ことに倭国にとって何をもたらしたのでしょうか。

かつての「仮想敵国」の本拠地たる、呉の地は、いまやご主人の本拠地となったのです。倭国は、「南朝」たる東晋の天子を、唯一の正統の天子と見なしましたから。

となれば、すでに〝対呉、軍事要塞〟としての役割をになっていた吉野ケ里は、その軍事的存在を〝放棄〟せざるをえないこと、それは理の当然ではないでしょうか。

それだけではありません。倭国にとって、現実の敵国が立ち現われました。それは、高句麗です。

それまで、西晋朝の直轄地であった楽浪・帯方の二地は、西晋朝の滅亡によって、一挙に〝軍事的力学上の空白地〟と化した。名目上は、東晋朝に属したものの、海を越えては、実効的支配権はなく、ために、主として「北朝」をバックとした高句麗と、ひたすら「南朝」を後立てとした倭国と、両国の軍が朝鮮半島で激突しつづける、それが「三一六以後」の朝鮮半島の軍事情勢でした。

高句麗好太王碑

あの高句麗好太王碑の証言する時代です。もはや「呉地からの侵入」を〝仮想〟していた時代の軍事的要塞、吉野ケ里は「放棄」されねばならぬ運命にあったのです。

古代史の実像をもとめて

以上の分析は、重要な二つのテーマを、必然的にひき

志賀島で発見された「漢委奴国王」の金印

おこすことになります。いまは、結論だけ、簡明に述べておきましょう。

その第一は、従来の「考古学編年」は、やはり〝不適切〟のようです。なぜなら、吉野ケ里の「中心期」は〝弥生中期〟です。それが「紀元前一〇〇―紀元一〇〇」というのでは、右のような「吉野ケ里の消滅」を「呉の滅亡―西晋の滅亡（東晋朝の成立）」という国際情勢から理解するのは、不可能。少なくとも、〝ピッタリ〟はしない。それは確実です。

これに対して、私の述べていたように、「弥生中期」と「弥生後期」を〝同時期〟に重ね合わせる立場に立ち、その中で「前漢式鏡」や「後漢式鏡」の密集する「多鏡墓の時期」（三雲、須玖岡本、井原、平原等）を、「紀元五七（志賀島の金印）―三一六（東晋朝の開始）」の間に〝盛行〟したものとみなす。この立場の場合、〝ドン・ピシャリ〟となるのです（ただし、「中期」そのものの開始点は、紀元五七ではなく、紀元前一世紀〈天孫降臨〉にさかのぼる、と考えています。右は「多鏡墓盛行期」の上限・下限です）。

さらに重要な、第二点。それは次のテーマです。

「倭国の首都圏は、吉野ケ里から小郡市にいたる東西線の、北にあった」

そうでなければ、呉の武装船団が有明海に侵入したとき、真っすぐに北上し（筑後山門などを右手に見過ごして）、最北端の吉野ケ里をめざす――そのように「想定」するはずはないのです。

小郡市に、吉野ケ里以上に高層・厳重な「楼観」の跡の見いだされたことは、九州などの新聞には、大きく報道されました。「吉野ケ里―小郡市」という東西線は、いわば「弥生のマジノライン」だったのです。

以上の考察の意味するところ、その帰結はやはり、次のようです。

「倭国の首都圏は、糸島・博多湾岸とその周辺にあった」

と。

北岸には「一大率」が糸島郡にあって、北側からの侵入にそなえ、その「南辺の守り」、それがこの「吉野ケ里―小郡市」の東西ラインだったのです。

吉野ケ里は、「一大率」の地、糸島郡の、まさに南辺にあたる一帯なのですから。

なお、次の二点をつけ加えておきます。

〈その一〉呉の地（江南）と九州とは、縄文早期末（紀元前四六〇〇）の河姆渡遺跡以来、「石珪（珪状耳飾り）文明」を共有しています。すなわち、〝相互交流の両域〟であり、知り合い、行き交っていた両域なのです。

〈その二〉呉は、遼東半島の公孫氏に一大戦闘船団を送り、「反魏の共同戦線」を築こうとしていました（三国志、呉志）。

そのスケールから考えれば、呉の一大戦闘船団の「倭国（九州）派遣」も、決して「杞憂《きゆう》」とはいえないものであったと思われます。

「吉野ケ里の消滅」問題は、歴史上重大な諸種の問題の解決に対し、まさに「時と所の結節点」となっていたようです。

注

（1）　西晋（司馬氏）は魏（曹氏）の「禅譲」によって、泰始元年（二六五）に成立。

あとがき

私たちは、一本の鎖で縛られている。もう久しく、その状態が続いているので、それに気づくこともない。千二百年の束縛である。

それは何か。もちろん、一元史観。この日本列島の歴史はたえず、近畿天皇家中心で回転してきた。そういう錯覚を基本軸とし、公的思想、それがロボットのように、この国の人間に注入されてきたのである。

たとえば、木簡。藤原宮（奈良県）や伊場（静岡県）の土中から出土した。そこに見なれぬ「行政単位」の「評」が刻入されている。「見なれぬ」とは、古事記にも、日本書紀にも、そんな「行政単位」は書かれていないからだ。

「○○天皇の時代に、○○天皇が『評』という制度を作らせ賜うた」

そういう記事は、いっさいない。なくてもいい。なにせ、「行政単位」があれば、天皇。「官職名」があれば、天皇。天皇以外に、わが国では、そのようなものを作りうる者はない。――これが根本の信仰だ。学問ではない。

信仰だから、学者たちは、やすやすとしてこれを語り、一般は、やすやすとして、これを受け入れる。しかし、学問の生命は、論証。やすやすとした講釈は、学問とは、似て非なるものである。

たとえば、允恭天皇。

男浅津間若子宿禰命。（古事記）

雄朝津間稚子宿禰天皇。（日本書紀）

「宿禰」は、明白に官職名だ。氏姓をただしたという、この天皇がこの官職名を、公的に名乗っている、ということは、この「天皇」に対して、その官職を「任命」した者がいたはず。つまり、この時代、この「天皇」は〝従属者〟。これに対する任命者こそ、真の統一権力者だった。

この思考は自然だ。否、必然だ。古今東西、人間に理性あるかぎり、至当の道理だ。

だが、日本の古代史界は、この至当の道理に対し、千二百年間、背を向けつづけてきたのであった。

武内宿禰という、著名の人物がいる（本文前出）。神功皇后の後見役だ。だが、この「宿禰」も、古事記・日本書紀とも、いっさい、

「〇〇天皇の時代に、〇〇天皇が『宿禰』の制を制定し賜うた」

という記事がない。なくてもいい。だれかの天皇の時代、だれかの天皇が〝作らせ賜うた〟のだろう。そう想像してきた。否、信じてきた。これも、信仰だから、論証は不要だった。

しかし、以上の伝承は語っていた。天皇家は、たとえ「一《いち》の家来」であったとしても、やはり従属者であったこと、真の統一権力者から「宿禰」という官職名を与えられていたこと、そういう端的な事実を語っていたのである。――それが九州王朝である。私の導入した仮説だ。

けれども、学者たちは、この事実から目をそむけ、「『天皇位』につく前の称号（宿禰）がうっかり、そのまま残ったのだろう」とか、「なにせ、記・紀は信用できないから」とか、弁明してきた。

では、問おう。こんな大事なこと（天皇の称号）に、そんな〝うっかりミス〟が生じ、そのままにさ

れる。「天皇家の正史」たる古事記・日本書紀に、そんな話、考えられるか。少なくとも私には、信じられない。

また、「記・紀不信説」を、「一元主義」の信仰の〝裏づけ〟に使うとは。うまいトリックかもしれないけれど、私にはしょせん、〝うますぎる、トリック〟のようにしか見えない。必要なのは、やはり論証。記・紀不信説をとるなら、いよいよその論証が必要になる。それが学問だ。

私たちは、このような〝なれ合い〟の中に生きてきた。そこでは、斬るか斬られるか、緊張した論証の刃、その火花はない。かわってぬるま湯の中の、仲間うちへの〝目くばり〟。それだけが必要とされた。そこからは〝独創〟は生まれない。その扉は、けっして開かないであろう。

この点、回教やキリスト教が「国是」とされている国々にも、別の鎖があるのかもしれぬ。しかし、いまはまず、他人《ひと》ごとではない、自分の目のうつばりを取りはらうときだ。千二百年の鎖を解き放つ、プロメテウスが目覚める瞬間、それがいま、日本列島に到来しているのである。

私はそのために、十三の扉の前に立った。そしてそれを開いた。その向こうに何が見えるか。それは読者一人ひとりのそれぞれの目にゆだねられている。

この本の内容は、今年(一九九二)の二〜三月、四日間にわたって「古代史への十二の扉」として開講されたもの。立川(東京都)の朝日カルチャーだった。最終章は、その後の加筆。思いがけぬ「発見」だった。

さっそく、この楽しい本へと、企画・実行してくださった原書房の編集部に対し、筆をおきつつ心から感謝したい。

古田武彦による自己著作紹介

《単著》

『親鸞――人と思想』（清水書院、新書、一九七〇）

私にとって処女作だ。「なるべく、読みやすく」との（出版社からの）要望があり、その一点を指針とした。

それとともに、私自身に対して、不可侵の原則を樹てた。

「一に、親鸞について真実であることだけを書き、それに反することは、すべて受け入れない。
二に、むずかしいことばを使わず、人間なら、だれでもわかるように書こう。
三に、現代に生きる、私たちの課題を、真正面から親鸞にぶつけてゆきたい」

このような、三つの「読者との約束」のもとに、この本を書いた。私の著述生活の最初におかれた、記念塔である（この前に、『日本名僧列伝』〈教養文庫〉中の短篇「親鸞」があった）。

『「邪馬台国」はなかった』（朝日新聞社、一九七一／角川文庫、一九七七／朝日文庫、一九九二／ミネルヴァ書房、二〇一〇）

古代史第一作。前々年（一九六九）の九月、『史学雑誌』に掲載された論文「邪馬壹国」は、親鸞研究者であった私が古代史の研究者に対して、「研究方法」上の忠告を行なう、その一点にとどまるはずのものであった。

それが読売新聞社の近藤汎《ひろし》さん（社会部）の報道を経て朝日新聞社（大阪出版局）の米田保さんのくりかえすおすすめにより、ようやくこの本の「出版」を見ることとなった。その直接の「関門」となったのは、「部分と全体の論理」を満足せしむべき、「二島半周」（対海国・一大国）の解読到達であった。

それは同時に、私の古代史研究に〝深入り〟すべき関門となったのである。

本書刊行後二十年にして、昨年「木佐証言」「鎌田提案」に遭うこととなった。

『失われた九州王朝』（朝日新聞社、一九七三／角川文庫、一九七九／朝日文庫、一九九三／ミネルヴァ書房、二〇一〇）

古代史第二作。私には、「邪馬壹国、博多湾岸周辺」説以前に、到達していた結論があった。それは「九州王朝」説である。

その根拠は、隋書俀《たい》国伝。有名な「日出ずる処の天子」の文言の出てくる、中国の正史。そこでは、その「俀国」について「阿蘇山あり」と記している。文章を読む、まともな神経で読む以上、これは九州だ。飛鳥ではない。それに俀王の名は「多利思北孤（たりしほこ）」。推古天皇や聖徳太子ではない。それを〝無理やり〟近畿天皇家に結びつけるとは。イデオロギーではなく、真実にだけ目を向けようとする私にとって、首を縦にはふれなかった。その後二十年来の研究は、私の、その感覚をハッキリと〝裏づけ〟てくれたのである。

『盗まれた神話』（朝日新聞社、一九七五／角川文庫、一九七九／朝日文庫、一九九四／ミネルヴァ書房、二〇一一）

古代史第三作。日本の歴史は〝誤解〟されていた。近畿天皇家を「主軸」として理解されるべきものではなかった。少なくとも、七世紀末までは。――この帰結は、わが国の古典（古事記・日本書紀等）に対する理解にも、重大な変換をもたらさざるをえない。

そのような分析のサンプル、それがこの本の中に入れられている。たとえば「国生み神話」「天孫降臨」「景行天皇の九州大遠征」など、いずれも従来〝晦冥〟の中にあった神話・説話類が、新しい光明の中に立ち現われた。もちろん、これは入口にすぎぬ。記・紀の全貌は、そしてなによりも、古事記成立（七一二）の八年あと、なぜ日本書紀が作られねばならなかったか。それらはすべての本の分析の延長線上に現われてくるのである。

『親鸞思想――その史料批判』（冨山房、一九七五）

私の学問研究の「母の国」は親鸞研究である。その方法は、親鸞文献に対する実証的研究の中から生まれた。

一九五五年、『史学雑誌』（六四―一一）に掲載された論文「親鸞『消息文』の解釈について――服部・赤松両説の再検討」がその嚆矢《こうし》となった。人民主義史観や本願寺教学的理解、そのいずれにも〝歪《ゆが》められぬ〟親鸞の時代の親鸞、その真実を求めたのであった。次いで一九六五年、同誌（七四—八）掲載の論文「原始専修念仏運動における親鸞集団の課題（序説）——『流罪目安』の信憑性について」においては、私の史料批判の方法の基本が提出されている。古写本の表記法の検証、権威（本願寺内）の文献操作に対する実証的批判、いずれもその後の研究方法を確定することとなった。

『邪馬壹国の論理』（朝日新聞社、一九七五／ミネルヴァ書房、二〇一〇）

私の論争史上、逸すべからざる、読売新聞紙上の榎一雄氏との論争（一九七三）、その「邪馬壹国論」の完稿を「邪馬壹国への道」として掲載した。ここにとりあげられた、三国志の書誌学的研究は、今後になお究明すべき幾多の課題を残している。従来の倭人伝研究上、不十分の研究領域といえよう。

また後藤孝典・尾崎雄二郎・牧健二・山尾幸久各氏との論争も収録。ことに「魏晋（西晋）朝短里の史料批判——山尾幸久氏の反論に答える」は、その後の里程論争へとつづくものである。

倭人に関する史料として「新発見」の『海賦』を口語訳とともに収載（なお、この英訳も、別に準備している）。エバンス夫妻との往復書簡や高木彬光氏の「盗作」関係論文も収載している。

『倭人も太平洋を渡った——コロンブス以前のアメリカ発見』（訳著）（創世記、一九七七／八幡書店、一九八七）

原題は *Man across the Sea*（海を渡った人間）。原編著者はC・L・ライリーほか。この本の前半の翻訳である。

一九六八年の五月、ニューメキシコのサンタフェで行なわれた、アメリカの考古学会のシンポジウムの各論述が論文化された。主流派が「モンゴル、ベーリング海峡通過説」であるのに対し、「人間は海を渡る動物である」という一点を主張する、少数派のシンポジウム。論点、論証方法が具体的であり、かつ独創的である。

連日、一字一字つめてゆきながら、学問の方法上、学ぶところ甚大だった。私の研究生活上の画期となった。柳川秀子さんのご教導なしにはなしえぬ訳業だった。創世記の東堅一さんのご尽力も忘れがたい。

『邪馬一国への道標』（講談社、一九七八／角川文庫、一九八二）

中国の古典を題材にしつつ、日本の古代史について「未見の曠野」を切り開く。それを一つ一つ、読者の一人一人に語りかける感じでつづった一書。

『論衡』『晋書』『隋書、経籍志』『翰苑』『広志』『宋書』『宣和集古印史』等の中にひそむ、倭人の歴史にまつわる珠玉の逸話、それらはいままであまりにも一般に見すごされてきていたようである。

周知の『三国志』と『後漢書』と、この二書の間を論じた「まぼろしの倭国大乱」の一節も、すべての考古学者にぜひ読んでほしい。『後漢書』の、あの「倭国大乱」記事を信じて、それを考古学的遺跡と関係づけて論ずるような、そういう一種〝不勉強〟な考古学者も、いまだに跡を絶っていないからである。

小松左京さんとの対談が、収録されている。

『わたしひとりの親鸞』（毎日新聞社、一九六八／徳間文庫、一九八五／明石選書、二〇一二）

この本には、『親鸞思想』以後に書かれた、若干の論文が収録されている。「叡山脱出の共犯者」「親鸞系図の史料批判」「晩年の親鸞——念仏迫害文と建長の事書」は、いずれも、それ以前には「未到達」

の、私自身にとって刮目すべき新領域であった。

さらに「親鸞探究者の群れ――戦後の系譜」として「三木清・服部之總・家永三郎・滝沢克己・野間宏」さらに「吉本隆明」が書評の形でとりあげられている。

この本の題名は、第一部の題名から採られた。私の人生論・宗教論である。率直に、自己の所信を語ったものであるけれど、それは私の「五十歳ごろ」の文章。すでに六十五歳を過ぎようとしている私に、再びこの種の文章を書くときがあるだろうか。（二〇一四年現在、八十七歳。後記）

『ここに古代王朝ありき――邪馬一国の考古学』（朝日新聞社、一九七九／ミネルヴァ書房、二〇一〇）
文献学も、考古学も、「部分」学である。歴史学の一部である。したがって「文献」や「考古」だけから、〝最終結論〟を出すことは、不可能。それは当然である。
この見地から、私は「倭人伝の分析」をもって、足れり、とはなしえなかった。考古学的出土物、ことにその出土分布図と対応させる。これが不可避だった。なぜなら、私は「文献」の〝専門家〟ではなく、古代の、歴史の真相を求める者だったからである。
「三世紀の空白」「失われた考古学」等、いずれも考古学者への〝問いかけ〟であったけれど、応答はなかった。その上、この本で私の極力力説した「海東鏡」問題は、のちに、王仲殊氏によって「自己の発見」であるかに語られたのであった。

『関東に大王あり』（創世記、一九七九／新泉社、一九八七）
日本列島内に重大な考古学的発掘があったとき、まず試みられること、それは「近畿原点」の立場から、それをいかに〝解釈〟するかだ、この一点に力がそそがれる。そのために「読解」の専門学者が動員され、ジャーナリズムがそれを「公布」するのである。

このような、わが国の慣例が公然と「定着」させられた事件、それが埼玉県稲荷山古墳出土の黄金銘鉄剣の出土だった。その中の「大王」を雄略天皇と見なし、これを五世紀末に「日本列島統一」の証拠とする見解が紙面に躍った。共通一次にも出題された。

しかしその見解には、幾多の重大矛盾があり、まったく未解決のままだ。しかも、その点を指摘した、私の立論に対し、正面から〝応答〟せず、〝論争〟せず、ただ「無視」の一手を守っている。この点を、この本は十分に証言している。

『邪馬一国の証明』（角川文庫、一九八〇）

私の小論文集だ。いまページをめくってみると、一つ一つを書いたときの、胸のときめきがキラキラとよみがえってくる。

たとえば、「わたしの学問研究の方法について」。故野呂邦暢氏が『季刊邪馬台国』の編集長だった時代の名企画によって生まれた。わたしの古代史研究の方法が何に由来するか、それを語ったものである。たとえば、「古代史を妖惑した鏡」。『ここに古代王朝ありき』の問題意識を、さらに前進させたもの。今後の追求のテーマへの、一つの手がかりを提供する。

末尾には谷本茂氏の佳稿「魏志倭人伝と短里――『周髀算経』の里単位」が〝解説にかえて〟の形で収載された。「里単位」問題を論ずる人々の決して無視できぬ、不可避の「定石」となっている。

『多元的古代の成立』（上・下）（駸々堂出版、一九八三「邪馬壹国の方法」、「邪馬壹国の展開」／ミネルヴァ書房、二〇一二）

書名は、『史学雑誌』（九一―七）掲載の同名の論文による。三世紀から七世紀まで、中国の各時代の史書の分析によって、その倭国は従来の「近畿天皇家一元主義」の史観からは理解しえぬことを論じたものである。もっとも著名な学術雑誌に掲載された上、この論文集に収録されているにもかかわらず、同一の史料を対象に分析するさいも、各研究者が（賛否とも）これに言及せず、無視しつづけているのは、学問として、むしろ奇怪である。

このような姿勢は、海外の研究者にも波及し、「考古学の方法――王仲殊論文をめぐって」はそれを扱っている。

なお私の処女論文「古事記序文の成立について――尚書正義の影響に関する考察」が収録されている。この論文は、最近の私の重大発見の基点となった。

『よみがえる九州王朝――幻の筑紫舞』（角川書店、一九八三／ミネルヴァ書房、二〇一四）

最初に、邪馬一国から九州王朝にいたる、論争のポイントをとりあげ、論点をおしつめていった。「闕《けつ》の論証」（三国志）をはじめとして、「短里論争」をまとめ、「理論考古学」を提唱し、「倭の五王」問題について「衙《が》頭の論証」を提案した。さらに『隋書』における「自署名の論理」と、古代史三書で展開された「歴史の大節」に対し、いわば〝目をつめる〟ような論証を行なった。「九州王朝にも風土記があった」もその一つ。ただ、学界の「定説」派が学問的応答をせず、後世に学問上の損失をまねいているように思われる。

最終章「幻の筑紫舞」は、ユニークな一章となった。菊邑検校から西山村光寿斉へと伝えられた「くぐつ舞」が九州王朝の歴史との間にもつ接点、それが興味深い。

『邪馬一国の挑戦』（徳間書店、一九八三）

本には、予想する読者がある。高度の専門家から、一般の読者まで。一般の読者の中でも、古代史の本に親しむことの多い、いわばベテランの読者から、平常古代史の本など手にとったこともない、まったく初心の読者まで。

この本は、この「まったく初心の読者」向けに書かれた。高校生から大学の初年度にかけて、人生の青年期にある人たち、そのような若者のために書いたのが、この本であった。

「神武天皇は実在した」という第一章からはじまり、次いでいわゆる「邪馬台国」問題について率直簡明に書いた。さらに「倭の五王」「稲荷山鉄剣」「九州年号」「九州王朝」と、私の歴史観、その描く歴史像を、やさしく、明確に書き切った。

この本は、書くときには予想もしなかった、有用な場を得ることとなった。私の大学（教養）の教科書に用いられたのである。

『古代は輝いていた』（Ⅰ──朝日新聞社、一九八四／朝日文庫、一九八八／ミネルヴァ書房、二〇一四）
（Ⅱ──朝日新聞社、一九八五／朝日文庫、一九八八／ミネルヴァ書房、二〇一四）
（Ⅲ──朝日新聞社、一九八五／朝日文庫、一九八八／ミネルヴァ書房、二〇一四）

私の歴史観にしたがって書いた。私の通史をめざしたものである。

第一巻は、『「風土記」にいた卑弥呼』。その第一部は「日本古代史の夜明け」と題し、縄文期の日本列島が世界最古の工業文明として花開いたことを叙述する。その中で縄文人の大洋横断の一大航海の「仮説」に言及している。その後、「縄文人の遠洋航海」は考古学界の「常識」となったけれど、この執筆時点、それは依然〝危険な断崖〟に臨む、知的冒険であった（最近の状況については「『コロンブス以前』の新大陸発見に関する報告――メガース夫人と故エバンス氏に捧げる」〈『昭和薬科大学紀要』第二十六号、一九九二〉参照）。

さらに、日本神話の多元性を論じた上、倭人伝に対する、私の研究を総括した上、筑紫国風土記中に、問題の女性、卑弥呼にあたる人物「甕依姫」が出現していることを論じた。

第二巻は、「日本列島の大王たち」。その第一部「銅鐸の国家」では、いわゆる銅鐸圏の世界が一個の「国家」であったこと、その地理的中心部の大和に、外来の侵入者（神武天皇）が突入、その盆地を占拠したことを論ずる。

その銅鐸国家の滅亡を伝えるものが、記・紀の沙本毘古への長期一大包囲戦であったことを述べ、近畿天皇家の英雄時代を描く。

さらに、高句麗好太王碑から稲荷山鉄剣銘、さらに「継体の断絶」のもつ意義を直論している。

第三巻は、「法隆寺の中の九州王朝」。継体天皇と、いわゆる「磐井の乱」との関係を論じ、その歴史の真実が「継体の反乱」にあったことを、第二巻末尾をうけて詳述した。

さらに「任那日本府」の実在を論じ、「九州年号」「二つの風土記」「筑紫舞」等、私の年来のテーマを通観する。

その上で、この本の中心テーマ「法隆寺の中の二つの金石文」をとりあげる。「釈迦三尊の光背銘」

と「薬師仏の光背銘」だ。この問題について、家永三郎氏から貴重な応答を得ることのできたのは、無上の幸いであった。

この本の末尾は、「評制の終結」である。学界では終結した、とされている郡評論争、この一点こそ真の歴史学の新出発点であることを指摘した。この点、最近の研究でいよいよ確認されている（共同研究会の収穫）。

なお新たに「ストーリー」の形での「通史」を書くこと、それは私にとって楽しい、未来の課題である。

『古代史を疑う』（駸々堂出版、一九八五／ミネルヴァ書房、二〇一一）

九つの小論、一つの評伝からなっている。いずれも楽しく、書きつづることができたことを思い出す諸論だ。

まず「疑考・小林秀雄――本居宣長論」「疑考・柳田国男――歴史民俗学論」、この二編が原型となった。いずれも、私の負うところ多い先学だけれど、反面〝不満〟が生じた。それが私の研究のエネルギーとなったといえるかもしれない。

次いで、「柿本人麻呂」「大王之遠乃朝庭」論は、最近の人麿研究の原点となった。

さらに「疑考・『古代出雲』論――門脇禎二説をめぐって」では、出雲風土記の「国引き神話」が縄文期の神話（西日本海周辺を「世界」とする）であることを論じた。

最後の「陳寿伝」は、私の心から敬愛する、この歴史家に対する、心をこめた評伝として付載することができた。

『古代の霧の中から』（徳間書店、一九八五／ミネルヴァ書房、二〇一四）

各地に読者の会が生まれた。私自身、予期もしないことだった。「古田武彦と古代史を研究する会」「市民の古代研究会」など、皆、各地の自然発生的誕生だった。私はそこに呼ばれて講演することとなった。いつも、一番新しい発見を、人々に語った。それを自らに課する「掟」としていたのである。

それらの講演がテープおこしされ、ここに収録された。はじめから原稿用紙に書かれたものより、ずっと〝読みやすい〟かもしれぬ。

「現行の教科書に問う」から、「画期に立つ好太王碑」「筑紫舞と九州王朝」を経て、「高句麗好太王碑再論」まで、それぞれの時期の、もっとも新しいテーマと私自身の感動が生き生きと息づいているのに、いまもふれることができる。

『よみがえる卑弥呼』（駸々堂出版、一九八七／朝日文庫、一九九二／ミネルヴァ書房、二〇一一）

私の本格的な論文集である。

最初の三編は、出雲風土記。「国造制の史料批判」「部民制の史料批判」「続・部民制の史料批判」、いずれも、従来の古代史学に対する根本的な批判をふくむ。「国造」「部」これらはいずれも、近畿天皇家内の職名・行政名。これが従来の見地だった。しかしさにあらず、出雲朝廷中心の職名等、これが私の立場である。従来説は「大和中心主義」貫徹のため、極端な「原文改ざん」を行なうほかなかったのだった。

高句麗好太王碑関係の二論文も収録された。一は、好太王碑実見前、李進熙氏の改削説への批判、他は、実見後、碑中の「倭」の実体に関する論証をふくむ。九州王朝説だ。だが、近年の好太王碑研究はこの問題に直面することも、論争することも、いっさい回避している。

『倭人伝を徹底して読む』（大阪書籍、一九八七／朝日文庫、一九九二／ミネルヴァ書房、二〇一〇）

私の古代史研究の原領域、それはもちろん、倭人伝だ。だから、その一字一句を徹底的に追跡したい。年来、そのように思いつづけてきた。

その思いを、大阪の朝日カルチャーで実行しようとした。ところが、この四月から、というそのとき、私の身分に変動が生じた。思いがけぬ要請を受け、永年の京都の草廬を出て、東京の昭和薬科大学に赴任することとなったのである。

そこで二年間、月に二回、東京から大阪へ通った。その成果がテープおこしされ、本書の形となった。

私の望みは、まだ終わらなかった。それが昨年（一九九二）の白樺湖の「『邪馬台国』徹底論争」シンポジウムとして結実したのである。

『まぼろしの祝詞誕生』（新泉社、一九八八）

「古田武彦と古代史を研究する会」は、読者の自発的な会として、最古参。その発案で、この本が作られた。私の未収録の論文を収録しようというのである。

私にとってありがたかったのは、京都新聞紙上で足かけ三年にわたって掲載された、三木太郎さんとの長期論争、その収録だった。京都周辺居住の方々以外には、「未知」、しかも倭人伝研究上、重要な諸点をふくんでいる。新発見も、少なくなかった。論争の醍醐味である（三木論文は「要約」の形で）。

新たな収録、それは「祝詞誕生――『大祓』の史料批判」だった。書き下ろし原稿を求められ、「祝詞」を対象に選んだ。すべての祝詞を論ずるつもりが、この一つだけで予定枚数いっぱいとなった。その帰結、思いもかけず、九州王朝の原史料（弥生前半期）としての本質を深く内蔵していたのである。

『古代は沈黙せず』（駸々堂出版、一九八八／ミネルヴァ書房、二〇一二）

研究生活を通じて、忘れられぬ瞬間がある。昭和六十一年七月二十八日、午後三時、東京都練馬区石神井町にある坂本太郎氏のお宅におうかがいしたときが、それだった。

私は自分の研究結果が、従来の定説をまったく否定するものとなったことを率直に申し上げた。そのような私の仮説を証明するためには、法華義疏そのものの自然科学的検査が不可欠であることを述べた。そのため、宮内庁長官への推薦状をいただきたい、とお願いしたのである。坂本氏は快諾し、最上の書面を記してくださった。「従来の定説」とは、すなわち坂本氏自身の学説だった。かくして「『法華義疏』の史料批判――その史料科学的研究」が成立した。私にはあの一瞬は終生忘れることができないであろう。

本書には、私にとって記念すべき諸論文が多く収録され、快心の論文集となった。

『九州の真実――60の証言』（かたりべ文庫、一九九〇）

「絵本」――わが家では、この本はそう呼ばれている。全ページに、鮮明・華麗な、大型のカラー写真、出土遺物や出土遺跡が載せられている。その下に、私の解説文。やさしい文章で、リズミカルな表現を不可欠とした。

出来上がりは、逆だった。私が九州の古代史を語る、そのキイをなすところ、六十個を選んだ。八月後半の猛暑。ビジネスホテルにこもって、これらの文面を執筆した。

その文章をもとに、「かたりべ文庫」のカメラマンが各現地を訪れ、撮ってくださった。さすがプロ。見事な仕上りだった。

読みやすい文面だったけれど、内容は、従来にない、立ち入ったものとなった。

本書は『古代史60の証言——九州の真実』として駸々堂出版から再刊（一九九〇）された。


『真実の東北王朝』（駸々堂出版、一九九〇／ミネルヴァ書房、二〇一二）

ながらく関西にあって研究生活をつづけていた私が、思いがけぬ要請を受けて、東京の大学に就任することを決意したとき、私の念頭に一つの思いがあった。「念願の東北の歴史の探究に、新たに手をつけ、進められるかもしれぬ」と。

この思いは、予想もできなかったほど、早く実現された。大学時代（仙台）、立ち寄りもせず、当時の辞書風の偏見（偽作説）に漠然と犯されていた「多賀城碑」、これに直面したとき、永年の疑問が氷解した。筆跡（刻字）、文面解読、いままでの研究経験（親鸞・倭人伝）が生きてきたのである。

無上の幸せ、それは東北、孤立の探究者、秋田孝季との相逢だった。「東日流外三郡誌」の跋文に「人間の魂」を見たのである。

私にとって未知の大地、北海道ですばらしいアイヌの心にふれえたことも、また、忘れがたい思い出となった。

『君が代は九州王朝の讃歌』（新泉社、一九九〇）

運命は人間を思いがけぬ発見へと導く。私の研究生活でしばしば遭遇したこの経験に、ふたたび出会うこととなった。

私たち日本国民におなじみの「君が代」が、実は、年来追究してきた九州王朝の君主（筑紫の君）を讃える歌として作られ、となえられてきたものであろうとは。奇遇もこれ、極まれりというべきではあるまいか。

しかしこれらは、私ひとりの力でなしとげたものではなかった。これ、九州や関西の市民研究者のおかげ以外のなにものでもなかったのである。灰塚照明・鬼塚敬二郎・古賀達也・藤田友治氏らだ。

自分のための探究としてはじめた、私ひとりの研究の日々、それがいまかくも多くの人々に支えられようとは。しかも、このときはまだ私は知らなかった。韓国史への未知の扉のカギをここですでににぎっていたのである。

『日本古代新史』（新泉社、一九九一）

先にあげた『邪馬一国の挑戦』の改版である。改版だが、装丁・内容とも、一新された。かつての新書版が、普通の単行本の形となった上、いくつかの重要な増補が行なわれた。「序　天孫降臨の真実」「ひろがる邪馬壹国の世界」「九州王朝と大和政権」の諸編である。

近年の吉野ケ里の発掘にともなう新展開。「穆天子伝」と三国志の魏志倭人伝との密接な関係。さらに「倭国」と「日本国」をめぐる「阿倍仲麻呂の証言」問題。そして「黄金竜の論証」と、新しい論証点を加えた。

その上、豊富な図表と写真類を添えることができた。そしてあの『二中歴』も、写真版と活字形とで付載することができたのである。若い探究者にとって、新しい「教科書」となるように——書肆の新企画に感謝したい。

『九州王朝の歴史学』（駸々堂出版、一九九一／ミネルヴァ書房、二〇一三）

「九州王朝」の名を冠した論文集を江湖に呈することとなった。感慨なきをえない。

大学（昭和薬科大学）着任以来、毎年出される、紀要掲載の論文、その収録を中心としている。「新唐書日本伝の史料批判」「P・G型古墳の史料批判」に加え、「歴史学の成立——神話学と考古学の境界領域」は、私の学問研究の方法論上、集大成にしてかつ、画期をなすものとなった。

また中国、延辺大学の朴ジンソク氏との間の論争、それを朴氏論文とともに並載しえたことは深い喜びとなった。

本書の冒頭に位置する二篇、それは「穆天子伝」をめぐる新稿だ。「部分と全体の論理」「歴史学における根本基準の転換について」、いずれも、従来の日本古代史、中国古代史への視野の一大転換を求める論文となった。

久しぶりの親鸞研究の一篇も、収録されている。

《共著・編著》

『シンポジウム　邪馬壹国から九州王朝へ』（新泉社、一九八七）

「この世にありともおぼえずさふらう」という古言がある。私は、ときとしてこの言葉が夢魔のように、心の底から突き上げてくるのを覚えることがある。それは、いつか。

ほかでもない、読者の方たちが〝勝手〟に、すなわち私などのまったく関知せぬところとときに、会を作り、私を講演に呼んでくださる。本来、孤立の中で求め、自ら〝うなずける〟ことのみをめざして、ひとり自分の道を歩みつづけてきた私にとって——奇跡だ。さらにすすんで、シンポジウムを企画し、実行してくださった。その結実がこの本となったのである。壇上で、他の講師（中小路駿逸さんなど）の方々とともに、会場のご質問に応じながら、私にはこみ上げてやまぬものがあった。忘れがたい一書である。

『シンポジウム　倭国の源流と九州王朝』（新泉社、一九九〇）

前回のシンポジウム「邪馬壹国から九州王朝へ」の成功を受け継ぎ、今回「続・邪馬壹国から九州王朝へ」が行なわれた。それがこの本として結実した。

「『九州年号』とは何か」（丸山晋司）、「好太王碑と倭」（藤田友治）、「海と人と王権と」（中小路駿逸）と、いずれも日本の学界未踏の領域へと大胆に議論をすすめている。私は「『君が代』と九州王朝」と題する報告を行なったけれど、それは予想外だった。なぜなら、このテーマは、このシンポジウムの始まる前日、思いもかけず到達しえたものだったからである。当日の世話役の灰塚照明、鬼塚敬二郎、古賀達也さんたちの導きによって、あの「君が代」が、ほかならぬ九州王朝の中で〝産出〟され、〝独創〟されたものであったことを発見できた。日本歴史の金字塔となるであろう。

『「君が代」うずまく源流』（新泉社、一九九一）

「シンポジウム　邪馬壹国から九州王朝へ」のさい、「発見」された「君が代」の、真の誕生地。それは、糸島・博多湾岸であった。その「発見」の経緯を、私は『君が代は九州王朝の讃歌』において叙述した。多くの人々、若い人々にも、楽しんで読んでもらえるよう、やさしい文体で語った。

これに対して、本書。その面目は別にある。まず第一に、「君が代」問題の、真の「先導」者、それは灰塚照明および鬼塚敬二郎さん、そして古賀達也さん。さらに藤田友治さんだった。その方々が直接、自分の言葉と文章で語る。そこに本書の意義があった。

第二は、私の文章。ここでは、今回の「発見」の論理性、そしてその論証性が論ぜられた。ここから、さらに思いがけず、韓国史の源流に迫る、恐るべきテーマに遭遇することとなったのである。

『聖徳太子論争――家永三郎・古田武彦』（新泉社、一九八九）（『法隆寺論争』同上、一九九三）

昭和四〇年代なかば以来、私は次々と新説を学界の前に提示してきた。あるいは、『史学雑誌』などの学術雑誌に、あるいは、古代史三部作（『「邪馬台国」はなかった』『失われた九州王朝』『盗まれた神話』）等、万人の前に公示しつづけてきたのである。

それは、日本古代史の脊柱において、従来の「定説」、また教科書などに書かれたところと、根本的に対立し、矛盾していた。しかるに、学界の学者たちのほとんどはこれを無視し、批判すらせずにきたのである。

このような、一種〝非良心的〟な雰囲気の中で、断然異彩を放つ学者、それが家永氏だ。氏は私の「法隆寺釈迦三尊の銘文」に対する研究（論文・著作）に対し、詳密な反論を「私信」で相次いで寄せられ、その「公刊」に賛成されたのである。氏のような方こそ、真の学者。私はそう思う。

『津軽が切りひらく古代――東北王朝と歴史への旅』（新泉社、一九九一）

鎌田武志さんが〝単独の志〟をもって開始された会、それが「市民古代史の会」だった。講演にお呼びいただいたとき、奥様や三人のご子息さんたちの力で、すべてが運営されていた。

それが、いまは、予想もできぬような広がりをもち、堂々たる会となり、午前から午後にかけて壮大な会が開かれ、このようにユニークな本となった。驚嘆せざるをえない。

今回の会は、私にとって重大な意義をもった。なぜなら、倭人伝の先達をなす「里程表記法」が穆天子伝にあることを知ったからである。「部分」を足して「全体」になる、その計算にふける夜、それが行き帰りの列車の中だった。原田実さんと共の思い出だ。

この会を支える藤本和夫さんの論文が新鮮である（「『日本書紀』の『欠史八代』考」）。

『神武歌謡は生きかえった』（新泉社、一九九二）

「古田武彦と古代史を研究する会」は、読者の会の〝草分け〟だった。その会が十周年記念の論文集を企画した。前回の『まぼろしの祝詞誕生』以来、二作目である。

私も求められて一篇を書いた。「『神武東行』の出発地はどこか」。そのうえ、晩秋の一日、会の皆さんから質問をうけながら、自分の研究と主要テーマを語った。それをテープおこしして収録してくださった。ありがたい企画だった。

今回は、公募論文が並んでいる。大越邦生・谷本茂・吉田堯躬・香川正といった方々のすぐれた論稿、また竹田侑子さんの論文の再録、それに高倉盛雄・安納定雄といった方々の異色作も収録された。そのうえ、古川智洋さん、原田実さんとの鼎談「『上記』をめぐって――『超古代史』の研究方法」も、今後の研究への出発点となった。

『「邪馬台国」徹底論争――邪馬壹国問題を起点として』(全三巻)(新泉社、第一巻 言語、行路・里程編、一九九二)

なぜ、こんなシンポジウムを行なう気に、私はなったのか。なぜ、これほどの成功を収めることができたのか。――すべて、いまふりかえってみて、「大きな謎」というほかはない。おそらく、何者かが、非力の私に命じ、これをあえて為さしめたのではあるまいか。

一メートル三十センチ、私の反対論者のお宅で、その方の前で、その近さで、お願いした。シンポジウムにご出席ください。ただし、謝礼は出ません、と。

狂気の沙汰だった。だが、ほとんどの方は正面から応じてくださった。日本列島には、まだ人間がいたのである。

会をささえてくださった、多くの方々のことを思うと、お礼の言葉もない。本書は木佐・鎌田提案等、日本古代史の一大画期をなす重大発言をふくんでいる。

日本の生きた歴史（二十三）

新しい時代の到来です。旧来の「天皇家中心」の一元史観の時代には未見の佳稿が相次いでいます。その筆頭がメキシコ在住の大越邦生さんの論稿です。題して「中国の古典・史書にみる長寿年齢」。いわゆる「二倍年暦」をめぐる精細な調査研究です。

大越さんは昨年（二〇一三）、メキシコの在留日本人の小学校校長として赴任される前、すでに三年前からこのテーマにとりかかっていました。けれどもなお〝不十分〟なまま、メキシコへ向ったあと、より精密な研究を志していました。それが今回送られてきた論稿によって、見事に果されたのです。

この論稿の「前提」となったテーマについて略述します。

第一、論語で孔子は次のようにのべています。「子の曰わく、後生畏るべし。焉《いず》くんぞ来者の今に如《し》かざるを知らんや。四十五十にして聞こゆること無くんば、斯《こ》れ亦た畏るるに足らざるのみ。」（巻第五、子罕第九、二三、金谷治訳注、岩波文庫、一七九ページ）

当時の平均年齢は四十歳から五十歳くらいのようですから、右ではもはや「人生の終末期」に当り、文意が成り立ちません。ですから、これは「二倍年暦」ではないか。現在の「二十歳から二十五歳」の話とすれば、一応話の筋が通るわけです。その時点で、すでにその人間の「将来」は見通せる、ということになります。それが「孔子の予見」だというわけです。当然、それ以前の年齢の青年、あるいは少年を前にした発言でしょう。

第二、もしこれが「二倍年暦」とすれば、当然、論語の他の場所の発言も、同じ「基準尺」とならざるをえません。あの有名な、

「子の曰わく、吾れ十有五にして学に志す。三十にして立つ、四十にして惑わず。五十にして天命を知る。六十にして耳順《したが》う。七十にして心の欲する所に従って、矩《のり》を踰《こ》えず。」（巻第一、為政第二、四。

三五ページ）

もまた「二倍年暦」の表現とならざるをえません。とすれば「志学」「不惑」「知命」「耳順」「不踰《ふゆ》」の内容も、従来の理解とは、全く変ってきます。

第三、このテーマは、すでに古賀達也さんが書かれましたが、重大なテーマなので、関連の事例を、論語以外の、他の中国古典の各個所において確認してほしい、と古賀さんにお願いしていたのですが、繁忙のため果せず、今日に至っていたのです。このテーマに改めて取り組まれたのが、今回の大越論文だったのです。

この大越論文では、最初には「二倍年暦」の概念を、論語理解にもちこむことに〃慎重な姿勢〃を採りながら、史記や五経等の「年齢記述」を列挙してゆく中で、やはりこの「二倍年暦」の存在を〃認めざるをえない〃という帰結を明らかにしています。穏当な到着点です。この立場から見れば、先述の「古賀提言」のテーマがやはり「再浮上」してこざるをえないのではないでしょうか。

『三国志』という名著を書いた、陳寿にとっての〃唯一のミス〃それは「倭人の長寿」を〃信じた〃ことでした。倭人の寿命は、「百年」あるいは「八、九十年」としたのです。

けれども、古事記、日本書紀に〃反映〃しているように、倭国（日本国）には「二倍年暦」が基本的な年次計算の尺度だったのです。たとえば、倭人伝の中の出色の一句、

「また裸国・黒歯国あり、またその（侏儒国を指す——古田）東南にあり。船行一年にして至るべし。」

が真実性（リアリティ）をもつのも、他ならぬこの「二倍年暦」によるものでした。

思えば、不思議です。中国側の歴代の研究者がこの倭人伝を「読む」とき、必ず当面するはずの、この「二倍年暦」問題に対する関心が〃ない〃もしくは〃不十分な〃点です。最近の彼等はすでに古事

記・日本書紀における「二倍年暦」のテーマの存在を〝知って〟いるはずです。また三世紀（弥生時代）の倭人の人骨の自然科学的研究からも、そこには決して「中国人の二倍寿命」など見出せないことも知っているはずですから、わたしがしめしてきた「二倍年暦」のテーマに当面し、これを研究対象とすべきこと、必然です。しかし中国側の「三国志」研究にわたしはほとんどそれを〝発見〟できずにいるのです。

この点、今回の大越論文は、御本人がのべておられるように、決して「決定稿」ではないものの、今後の研究者にとっての「無二の導火線」となりうるものではないでしょうか。後継の論稿の出現に期待します。

——二〇一四年六月二十二日記——

中国の古典・史書にみる長寿年齢

大越邦生

1 はじめに

複数の年暦

『漢書』に、漢代以前、複数の年暦が存在したことを示唆する記事がある。

元鳳三（BC七八）年、太史令張寿王の上書事件である（『漢書』律暦志第一上）。張寿王は、漢代において施行された漢暦『太初暦』の過誤を指摘する上書を提出し、次のような主張を展開した。

①黄帝の『調律暦』が正しく、現在施行されている『太初暦』は誤っている。

②『帝王録』がその証拠となる。

張寿王の指摘を受けて、詔が下され、調査チームが編成された。主暦使者の鮮于妄人が長となり、二年間にわたって観測や諸暦の調査をした結果、張寿王の申し立ては認められず却下された。しかし、漢王朝の正統な始祖である黄帝の暦をもって異議を唱えた張寿王の説を、簡単には退けられなかったのだろう。その後も、鮮于妄人らは六年間にもわたって調査を続けている。そして最終的に、張寿王の主張は完膚なきまでにしりぞけられ、次のような報告にまとめられた。

①『太初暦』が最善である。
②『調律暦』は疎略である。
③天文書『終始』がその証拠となる。
決着はついた。しかし、張寿王はその後も自己の主張を繰り返したため、死罪が言い渡された。さらに死罪が許された後も自説を曲げなかったため、ついに投獄されるに至った。恐るべき執念である。張寿王の自己の主張に対する強い信念がうかがえる。

それでは、この事件の張寿王と鮮于妄人の論争を追ってみよう。
①張寿王は、彼の暦を用い、黄帝から元鳳三年までを六千余年と計算した。
②一方、妄人派は『終始』を用い、黄帝から元鳳三年までを三六二九年と計算した。
③妄人派は、張寿王が根拠にしている『帝王録』の舜や禹の歳が「人の年齢に合わない」と主張する。
④妄人派は、殷周間において、張寿王の説明が「経術の説」と合わないと主張する。
⑤妄人派は、張寿王のいう黄帝の『調律暦』は太史官の『殷歴』であるという。
⑥張寿王は、『殷歴』を曲げては、五家暦（黄帝・顓頊・夏・殷・周の暦）は得られないと主張する。
両派の資料をまとめよう。
A張寿王側の資料
黄帝の『調律暦』＝太史官の『殷歴』、『帝王録』
B鮮于妄人側の資料
漢の制定した『太初暦』、天文書『終始』、「経術の説」
以上の論争は、次のような事実を明らかにしている。

一、張寿王が採用した暦と、妄人派の資料とでは、「黄帝～元鳳三年」間の計算結果に、二倍に近い大きな差がある。張寿王が六千余年、鮮于妄人が三六二九年を主張している。この隔たりの大きさは、張寿王側の資料に古田武彦氏の主張する「二倍年暦」の期間があったことを示唆しているのではないだろうか。また、それは「二倍年暦」と「一倍年暦」の画期があったことを意味しているのではないか。(1)(2)

二、鮮于妄人派が、『帝王録』の舜・禹の寿命が「人の年齢を超えている」といっている。鮮于妄人派が、神仙思想などによらず、合理的精神や客観的立場に立って年暦を検討している証拠である。しかし、「二倍年暦」の視点がなかったために、『帝王録』批判、長寿王批判に終始したものと思える。

三、張寿王が文献で論陣を張り、鮮于妄人が天文学で論陣を張っている。それぞれが採用している文献が、『帝王録』『終始』であったことがそれを裏づけている。おそらく『帝王録』が帝王系譜を二倍年暦で記した文献で、それに対して『終始』は天文学書であるから、当時の年暦（一倍年暦）で一貫して解釈できたのではないだろうか。

四、黄帝の『調律暦』、太史官の『殷歴』『帝王録』は、いずれも「二倍年暦」で記述されていただろう。張寿王は「『殷歴』を曲げては『五家暦』も成立しない」といっているのであるから、『五家暦』もまた「二倍年暦」で書かれていた（または内包していた）可能性がある。

五、鮮于妄人側が「張寿王の年暦の説明が、殷周間で齟齬をきたしている」と証言している。

結論、この事件は、漢代における「失われた二倍年暦」をめぐる論争だったのではないだろうか。張寿王派は、『調律暦』『殷歴』『帝王録』等の文献をもって正当性を訴え、鮮于妄人派は『終始』などの天文学的観測事実をもって正当性を主張した。文献主義による張寿王派と、科学的事実に基づく鮮于妄人派の対立ととらえられる。こうした漢人にとっても失われた記憶、「二倍年暦」の存在を、長寿年齢や寿命年齢から明らかにしようとするのが本論の主旨である。

長寿年齢の基準尺度

人は何歳まで生きるものなのだろうか。タイ国で発見された百二十歳の男性が、当時の最高齢として話題になったことがある（平成二十五年時点）。

漢代の官僚妄人派は、文献の舜・禹の歳が「人の年齢を超えている」と主張した。この事実は、『帝王録』『調律暦』『殷歴』『五家暦』が二倍年暦を内包している事実を明らかにした。同様に二倍年暦を中国史書から発見するには、「長寿年齢の基準尺」が必要となる。「人の年齢を超えている」年齢とは、いったい何歳以上を指すのであろうか。

この点を明らかにするために、『漢書』から長寿年齢の基準を探りたい。ことさら『漢書』を重視する理由は、『史記』以前の史料には、「二倍年暦」と思われる記述が含まれており、サンプルを抽出しても、妥当性に疑問が感じられるからである。その点で、「一倍年暦」として安定感のある『漢書』が調査対象としてふさわしいと考えた。『漢書』（帝紀）から長寿年齢のヒントになる記事を抜き出してみよう。

○高祖は年四二で即位し、五三で崩じた。（高帝紀第一下）
○民の七十歳以上もしくは十歳未満の刑罰者は完刑に処す。（恵帝紀第二）
○女子で十五歳以上三十歳まで嫁がない者は課税する。（恵帝紀第二）

○賜物令、年八十以上には米・肉・酒を賜う。さらに九十歳以上の者には帛・絮を賜う。(文帝紀第四)
○八十歳以上の老人には算賦を免除、九十歳以上には兵車の賦銭を免除。九十歳以上の民には、すでに鬻を施す法あり。(武帝紀第六)
○年九十以上の者には帛二匹・絮三斤、八十歳以上の者には、米三石を賜う。(武帝紀第六)
○八十歳以上の老人を、罪にしてはならない。(宣帝紀第八)
○六十歳以上の者は、諸侯王の奴婢の数に入れない。(哀帝紀第十一)
○官の奴婢で五十歳以上の者は、免じて庶民とす。(哀帝紀第十一)
○男子の八十歳以上七歳以下の者は、繋留してはならない。(平帝紀第十二)

以上は、高祖を除いて、一般庶民や奴婢が対象になっている。庶民「九十歳以上」、奴婢「六十歳以上」の記載があることから、そうした年齢の庶民や奴婢が少なからず存在していたことがわかる。つまり、前記のような、六十歳・九十歳という年齢では「二倍年暦」の根拠にはならないということである。先の鮮于妄人派も、そのような漢代の常識のなかで生活していたのである。彼らが、舜・禹を「人の年齢を超えている」と主張している以上、舜・禹のように突出した長寿年齢でない限り、「二倍年暦」の証拠とするのは難しいだろう。私は、百歳以上をそのラインと考えたい。そして、その「基準尺」に立って中国史書への探究の道を歩み出したいと考えている。

そこで、『易経』『尚書』『詩経』『論語』『孝経』『爾雅』『孟子』『史記』を調査対象とし、そこから百歳ラインに到達する長寿年齢を抽出することにした。その検索には『十三経索引』を参考にした。結果、『尚書』『論語』『史記』に、二倍年暦とみられる事例が見出せたので次に報告する。

2 『尚書』にみる長寿年齢

『尚書』は『書経』ともいわれ、政治史・政教を記した中国最古の歴史書である。堯・舜から夏・殷・周の帝王の言行録を整理した演説集であり、一部、春秋時代の諸侯のものもあり、秦の穆公のものまで扱われている。その原型は周初の史官の記録にあると考えられているが、儒教では孔子が編纂したとし、重要な経典である五経のひとつに挙げられている。堯・舜の長寿年齢が最初に表れる文献がこの『尚書』である。

堯

○帝曰「四岳。朕在位七十載。汝能庸命。践朕位。」岳曰、「否徳忝帝位」。曰「明明揚側陋」。（堯典第四節）

・堯が在位七十年を理由に四丘に禅譲しようとする。

○格、汝舜。詢事考言、及言遂可績三載。汝陟帝位。（堯典第六節）

・堯が、舜の三年間の功績を評価して禅譲しようとする。

○二十有八載、帝及殂落。百姓如喪考妣、三載、四海遏密八音。（堯典第十節）

・舜が帝位を譲り受けてから、二八年で堯が没する。

堯は帝位に就いてから百一年で崩じた。この堯の在位年数とそれから推測される寿命年齢は、百歳をはるかに超えることになる。先の漢王朝の官僚鮮于妄人が、「舜や禹の寿命が人の年齢を超えている」

といったように、堯の寿命年齢も人の年齢を超えていたといわざるを得ない。

舜

○舜生三十、徴用三十、在位五十載、陟方乃死。(堯典第十二節)

・舜は生まれて三十年、登用されて三十年、位にあって五十年で没した、とある。百十年の生涯である(「鄭注」は舜の享年を百歳としている)。

○帝曰、格汝禹。朕宅帝位、三十有三載。汝惟不怠。揔朕師。(大禹謨)

・舜は在位三三年目にして政治に疲れ、禹に禅譲しようとする。先の「堯典」第十二節に舜が六十歳で即位したとある。すると、この禅譲譚は舜九三歳時点での出来事となる。

中宗王、高宗王、祖甲王

次は、中宗王、高宗王、祖甲王の在位期間である。

中宗王、高宗王、祖甲王が、長寿王として「無逸」第二節にある。

○肆中宗之享國、七十有五年。(無逸第二節)

○肆高宗之享國、五十有九年。(無逸第二節)

○肆祖甲之享國、三十有三年。(無逸第二節)

○自時厥後、亦罔或克壽、或十年、或七八年、或五六年、或四三年。(無逸第二節)

それぞれの王の在位期間は、七五年、五九年、三三年である。中宗王などは特に在位期間が長いように感じるが、「二倍年暦」の決め手には欠ける。『尚書』には、その後、王の長寿者はなく、ある王は十年、ある王は七、八年、ある王は四、三年で没したと記されている。

文王

○文王受命惟中身、厥享國五十年。（無逸第三節）

諸橋『大漢和辞典』によると、「中身」は「五十歳頃。人壽を百年と見て其の半頃。中年。」とある（『尚書』に他の用例なし。「中年」もなし）。『大漢和辞典』には、該当する『尚書』の一節の他に「傳」「鄭注」「王巾、頭陀寺碑文」の文例があり、それぞれ次の通りである。

①「傳」文王九十七而終、中身即位時、年四十七。

②「鄭注」中身、謂中年。

③「王巾、頭陀寺碑文」捨百齡於中身、徇肌膚於猛鷙。

文王が王位に就いた「中身」を五十歳とすると、それからの在位期間が五十年となる。寿命年齢は百歳である。一方、「傳」には、文王が四七歳で即位し、九七歳で没したとある。

穆王

○惟呂命。王享國百年老。荒度作刑、以詰四方。（呂刑第一節序）

周の穆王が、在位して百年にもなり、「老いた」と述べる場面である。在位百年でも、誕生してすぐに帝位に就くわけではないので、「老いた」と述べた時点が、仮に百十歳であっても、その年齢で老いを語る不自然さをだれもが感じることだろう（3）。

もうひとつ重要な問題がある。『史記』（周本紀第四）に穆王は、即位年齢五十歳、在位期間五十五歳、寿命年齢百五歳と記されている。『尚書』には在位百年とあるところ、『史記』には在位期間五十五年となっているのだ。穆王の在位期間が、『尚書』には「二倍年暦」で記され、『史記』には「一倍年暦」で記されているのである。『尚書』は、穆王が「老いた」と語った時点での在位期間を示しているので、『史記』との矛盾はない。穆王は「老いた」と語った五年後に崩じたと理解できるのである。この『尚書』と『史記』の穆王在位期間の年暦上の違いは、『史記』編年上の重大なヒントを与えているように思えるが、ここでは問題点の指摘にとどめておきたい。

『尚書』の年暦について

①堯は帝位について百一年で没し、舜も百十年の寿命年齢であった。
②中宗王、高宗王、祖甲王の在位年数は、各七五年、五九年、三三年で、「長寿王」と呼ばれるものの、百歳を超える突出した長寿であったかどうかは不明である。
③その後、長寿者は続かなかったと表記されているので、王達は短命だったものと思える。
④文王の寿命年齢はほぼ百歳。穆王は在位して百年で「老い」を語った、とある。ともに百歳のライン上にあり、二倍年暦の可能性が十分にある。

『尚書』における王の寿命年齢は、堯、舜、文王、穆王の四王が理解を超えた長寿であった。また、それら王達に前後を挟まれた「寿命年齢不詳」の王達についても、同様の年暦で解釈されるべきものと捉えられる。それらの王達についても、「寿命年齢が記されていない」「短命であった」という理由により、二倍年暦の事実が見出せなかったに過ぎないのである。結論、『尚書』は二倍年暦による記載で統一されており、中国「二倍年暦」の原形をとどめる古典と見なされるのである。

3　『論語』にみる二倍年暦の可能性

『論語』は、孔子と彼の高弟の言行を孔子の死後、弟子達が記録した書物である。したがって、歴史書のような一貫性があるわけではなく、語る弟子間で矛盾が生じている場合もある。その中から孔子自身の言葉を探り、年齢記述から問題点を指摘したい。

『論語』に長寿年齢は登場しない。ただし年齢表記は出てくる。次の通りである。

《巻第一》

○子曰、吾十有五而志乎學、三十而立、四十而不惑、五十而知天命、六十而耳順、七十而従心所欲、不喩矩

《巻第四》

○子曰、加我数年、五十以學易、可以無大過矣

《巻第五》

○子曰、後生可畏也、四十五十而無聞焉、斯亦不足畏也已矣

《巻第七》

○百年、亦可以勝残去殺矣

《巻第九》

○子生三年、然後免於父母之懐、夫三年之喪、天下之通喪也、予也有三年之愛於其父母乎

○子曰、年四十而見悪焉、其終也已

以上から『論語』の年齢記述が二倍年暦だと結論づけることはできない。なぜなら、A年齢の二倍年暦基準尺度に当てはまるケースが一例もない。

B「七十而従心所欲」の七十が最高齢である。これが二倍年暦なら、実年齢五十歳を超える人物がいないことになる。それもまた不自然だし、証拠不十分といわざるを得ない。しかし、考えてみるに、『論語』には寿命年齢そのものが存在しないわけであるから、ABのようなケースは当然のことといえよう。その状況は『史記』の孔子記事においても同様で、孔子を除いて、弟子一門の寿命年齢は記述されていない。

ただし、問題となる事例があることも確かだ。たとえば、次のようなものだ。

○子曰、年四十而見悪焉、其終也已（巻第九陽貨第十七）

孔子は弟子達に「四十歳くらいにしっかりしていないと、一生涯とんでもないことになる」と告げている。

「悪」の用例は『論語』に三八あり、当然、すべて悪い意味、マイナスイメージで使われている。(4) 「終」の用例は『論語』に十（『易経』で九三、『孟子』で二三）あり、ここでの用例は「生涯うだつがあがらない」の意味合いだ。(5)

しかし、考えてみるに、孔子はこの教えを何歳の弟子に語りかけているのであろうか。まず、四十歳やそれ以上の弟子が対象でないことは確かだ。弟子達を一念発起させるための言葉である。四十歳のはずがない。また、孔子の弟子達は二十歳前後の者も多い。その弟子達にとって、逆に四十歳は年齢が離れすぎていて、今度は教訓として成立しにくい。孔子はおそらく三十歳前後の弟子を念頭においていたのではないだろうか。

では、①現在、私たちが、三十歳になる後輩に「四十までにしっかりしておくように」と叱咤激励する場面を考えてみたい。そうしたケースもあろうが、一般的に、三十代は「働き盛り」の世代である。ことさら叱咤するまでもなく、すでにエンジンが始動している世代ではないか。孔子の言葉は常に時代を超えた普遍性を備えている。珠玉の言葉は弟子達を感動させ、それを弟子達が『論語』という形で後世に伝えたのだ。どのようにでも解釈できるという曖昧さは、孔子の教えになじまない。この激励はどこかしっくりこない。②次に、人の生涯をうらなう上で、四十歳を目標にする理由がわからない。それなら、三十歳でも五十歳でも同じように生涯をうらなう大事な時期とはいえないだろうか。③さらに、四十歳で信用を得ていなければ「一生うだつが上がらない」の教訓は、人が社会基盤を確立する時期としては、遅きに失した印象を受ける。私には三十歳よりも、より若年層に対する孔子の教訓に思える。

これが、二倍年暦だったとしよう。孔子が二十歳以前の弟子に「二十歳になって一目おかれるようになっていなければ、一生涯うだつが上がらない」というならわかりやすい。私たちにとっても、二十歳は「成人」という人生の節目、一大転機となっている。そうした概念のなかった時代、透徹した目で「未成年が成人になる」時期を洞察した、孔子らしい教訓だったのではないだろうか。こうした年齢記述に、二倍年暦の可能性があることを指摘しておきたい。孔子については、次の節でもう一度とりあげる。

4 『史記』にみる長寿年齢

『史記』は、中国前漢の武帝の時代に司馬遷によって編纂された歴史書である。正史の第一に数えられ、叙述範囲は伝説上の五帝の一人黄帝から前漢の武帝までに及んでいる。この叙述範囲の広さゆえに様々な史料が用いられ、そのなかに二倍年暦が混入されているというのが『史記』の実態とみられる。『史記』(本紀)には、『尚書』と同じ堯や舜の年齢記事が出てくる。まず、両史料の比較を試みたい。

堯

①『尚書』堯典

○帝曰「四岳。朕在位七十載。汝能庸命。践朕位。」岳曰、「否徳忝帝位」。曰「明明揚側陋」。

○格、汝舜。詢事考言、及言遂可績三載。汝陟帝位。

○二十有八載、帝及殂落。百姓如喪考妣、三載、四海遏密八音。

②『史記』五帝本紀

○堯七十年得舜、二十年而老、令舜摂行天子之政、薦之於天。

○堯辟位凡二十八年而崩。

『尚書』には堯が即位七三年に舜に位を譲り、その後二八年で崩じたとある。一方、『史記』には即位して九八年に崩じたとある。どちらも二倍年暦と考えられる。

舜

①『尚書』堯典

○舜生三十、徴用三十、在位五十載、陟方乃死。

②『史記』五帝本紀

○舜年二十以孝聞、年三十堯擧之、年五十摂行天子事。
○年五十八堯崩、年六十一代堯践帝位。
○践帝位三十九年、南巡狩、崩於蒼梧之野。

『尚書』には、舜は六十歳で帝位に就き、五十年間在位して崩じたとある。一方『史記』には、舜は六一歳で帝位に就き、三九年間在位して崩じたとある。どちらの寿命年齢も二倍年暦であり、用いた史料の違いによる誤差の範囲と捉えられる。

以上からいえることは、司馬遷は『尚書』と同様、二倍年暦の史料を用いて、堯・舜を記述しているということである。

孔子

では、『史記』での孔子はどうであろうか。孔子晩年の記事から年齢表記を抽出してみよう（孔子世家）。

①是歳魯哀公三年、而孔子年六十矣。
②於是、孔子自楚反乎衞。是歳也、孔子年六十三、而魯哀公六年也。
③魯哀公十四年春、狩大野。叔孫氏車子鉏商獲獣。
④明歳、子路死於衞。孔子病。
⑤七日卒。孔子年七十三、以魯哀公十六年四月己丑卒。

不自然な点はない。また、『史記』孔子世家には、孔子七十三歳を筆頭に、孔子以降の子孫の寿命年齢が記されている。孔子から十一代の忠まで寿命年齢が明記され、平均年齢は五四・八歳である。そのなかに、孔子を超える年齢の者は存在せず、ここにも問題は見られない。さらに、『史記』には、孔子の弟子と孔子との年齢差が記述されている（仲尼弟子列伝第七）。それをみても、孔子との年齢差が十歳台の者一名。二十歳台の者四名。三十歳台の者六名。四十歳台の者七名。五十歳台の者四名であり、不自然な点はなく、二倍年暦の証拠は見出せない。(6)

老子

では、「孔子の時代に二倍年暦の証拠はないか」というと、そうではない。『史記』列伝中の老子記事がそれである。

○蓋老子百有六十餘歳、或言二百餘歳、以其脩道而養壽也（老子・韓非列伝第三）

老子は「百六十余歳まで生き、二百余歳だったともいう」とある。

司馬遷は、老子の寿命年齢に対し、「老子は、道の修行を積んで寿命を延ばした」と解説している。しかし、老子の年齢は、明らかに二倍年暦だ。なぜなら、まず百六十歳は人の年齢を超えている。次に、一倍年暦に換算したとき、年齢が人の寿命の範囲内に収まる。三百歳、四百歳ではなく、百六十歳という寿命年齢であることが、逆にこの年齢がリアルであることを物語っている。

老子の寿命年齢が二倍年暦なら、孔子の寿命年齢も二倍年暦ではないか。なぜなら、同じ歴史書『史記』で、同じ編纂者「司馬遷」のもとで、同時代と目される人物「孔子と老子」が、(7)一方は「一倍年暦」で語られ、他方は「二倍年暦」で語られるということでは、あまりに整合性に欠けるのではないだろうか。しかも、孔子も老子も中国思想史上の至宝ともいえる人物である。司馬遷は、だれにもまして、扱いに慎重を期したはずである。この視点に立つと、孔子の寿命年齢も「二倍年暦」と結論せざるを得ないのである。すると、『史記』と整合性をもつ『論語』の年齢表記もまた、二倍年暦で記述されていた可能性が浮上するのである。(8)

もうしばらく『史記』にある老子の寿命年齢について検討を続けよう。

孔子の死後百二十九年のこと。周の太史儋なる人物が、秦の献公に面会をして、未来の予言を告げたという。この人物が老子だとする説が『史記』に記されている（老子・韓非列伝第三）。孔子の死後、百二十九年たって現れた人物が老子だという突飛な説に、だれもがとまどいを感じることだろう。こうした不可思議な物語が、老子「非実在説」の根拠となっているのかも知れない。しかし、考えるに、孔子と同時代の老子も、周の太史儋と名のる老子も、論理的には同一人物であっても不思議ではないのである。それは、①孔子と老子がほぼ同年齢であって、②孔子の寿命年齢と死後の年数が二倍年暦であったと仮定した場合だ。孔子の生涯が七三年。死後の期間百二十九年を加えると、二百二年だ。すると、老子のもうひとつの寿命年齢、二百余歳の範囲内に収まる。もちろん、孔子と老子の年齢差など不明な点があるので、あくまでも机上の計算だが、理屈の上では成立可能だ。二倍年暦を採用することで、孔子の死後百二十九年経って献公を訪問した人物が、齢百一歳の老子だった可能性も否定できないのである。

文公

『史記』世家晋国に文公（重耳）の寿命年齢が記載されている。即位年齢六二歳、在位年数九年、寿命年齢七一歳とある。この寿命年齢それ自体に二倍年暦の証拠は見られない。しかし、「逃げの重耳」といわれる後の文公と彼の妻との間に、年齢にまつわる不思議なエピソードが語られている。まず、重耳関連の年齢記事を示そう。

①公即位、重耳年二十一（献公元）
②耳遂奔狄、狄其母國也。是時重耳年四十三。（献公二二年）
③耳謂其妻曰、待我二十五年。不來乃嫁。其妻笑曰、犂二十五年、吾冢上柏大矣。（恵公七年）
④重耳出亡凡十九歳、而得入。時年六十二矣。（恵公十四年）
⑤留齊凡五歳。重耳愛齊女、毋去心（斉孝公）

前記③では、文公と妻のやりとりが描かれている。その時点で重耳五五歳、妻との間に二子を儲けている。その重耳が出奔するに当たり、妻に向かい「自分を二五年間待て。帰って来なければ嫁げ」と言い置く場面だ。それをやんわりとユーモアで皮肉る妻の言葉は、一見機知に富んでいるように見える。しかし、二五年後に重耳は八十歳。妻もまたかなりの高齢になっている。その妻に対して「嫁げ」は、いかにも無情な響きにしか聞こえない。この物語を二倍年暦で理解すると、「嫁げ」もまた現実味を帯びてくる。重耳の妻に対する深い愛情表現と受け取れるのである。『史記』中の二倍年暦の可能性として提起しておきたい。

次に、『史記』に登場する秦の宰相「百里奚」の長寿年齢について考察しよう。

百里奚

①百里奚の長寿年齢
○五年、晋献公滅虞虢、虜虞君與其大夫百里奚（秦本紀第五）
○當是時、百里奚年已七十餘（秦本紀第五）
○兵行日、百里奚蹇叔二人哭之（秦本紀第五）

繆公五年、虞が滅亡して百里奚は七十余歳で秦の捕虜となった。その後、秦の宰相となった彼は、繆公三二年に再度登場している。記述通りなら、その時点で百里奚は百三歳を超えていたはずである。七十歳を超えて奴隷からの宰相抜擢もさることながら、百歳を超えてなお歴史の表舞台に登場する百里奚の生涯は不自然さが際立つ。さらに正確を期すために、『史記』の「余歳」を検討しよう。

②余歳

○漢興九十有余載（周本紀末）

○漢興至孝文四十有余載、徳至盛也（孝文本紀）

前者は漢が興って九四年間なので「余載」は四年を指す。後者は本紀で計算すると、漢の元年から孝文帝まで四七年間。「余載」は七年を含む年数表現と見られる。それから推測すると、秦の捕虜となった時点で、百里奚は七四〜七七歳だった可能性があり、繆公三二年には百七〜百十歳の老齢だったことになる。この百里奚の年齢は「二倍年暦」ではないだろうか。

③「秦本紀」「始皇本紀」には「二倍年暦」と見られる記述がない[9]。おそらく「一倍年暦」で表記されているものと見られる。

そこで、百里奚の年齢について次のように推測する。秦の捕虜となった百里奚は、自己の年齢を「二倍年暦」で七十余歳と申告した（実際には現在の三七歳に近い年齢だった）。それが虞国の年暦であった。秦ではそれを自国の暦法「一倍年暦」で理解して記録に残した。その仮定に立てば、二七年後（繆公三二年）、百里奚は六四歳になっていたことになる。まだ第一線で活躍するに十分な年齢であったと考えられる。

百歳を超える人物

ほかにも『史記』には百歳を超える長寿年齢者が登場している。参考までに以下に列挙しておこう。

○以少君為神数百歳人也。（孝武本紀第十二）
○（黄帝）百余歳然後、得與神通。（孝武本紀第十二）
○昔東甌王敬鬼、壽至百六十歳。（孝武本紀第十二）
○齊由此得征代、為大國、都営丘。蓋太公之卒、百有餘年。（斉太公世家武公）

5　二倍年暦の終焉

『尚書』の諸王、そして『論語』の孔子、『史記』の老子、文公、百里奚の年齢に、二倍年暦の可能性があることを述べてきた。しかし、『尚書』『論語』『史記』を同列に並べることはできない。『尚書』は二倍年暦で一貫した文献と推定できるが、『論語』『史記』には、二倍年暦の史実が混在または残存していたという見方が適切であろう。『論語』は後世の儒家達により時代に合った形に改変され、『史記』も編纂者によって年暦を統一されていると見なければならない。先の穆王の在位期間の改変が、それをよく物語っている（「『尚書』にみる長寿年暦」の節）。もちろん司馬遷は二倍年暦の存在を知っていたのである。「年齢表記」という後世の改変者の目を免れた記述に、からくも原史料が「保存」されていたと考えるべきだ。

では、二倍年暦の時代はいつまで続いたのであろうか。私は春秋時代末期、晋国が分裂し、戦国時代の幕開けを告げた時点（ＢＣ四〇三）までと考えている。それ以降は、それぞれの国ごとに、周暦の二倍年暦を遵守する国、独自に自国の暦法を立てる国に分かれたのではないだろうか（たとえば秦国のように）。黄帝・堯・舜・夏・殷・周と続いた二倍年暦は、周王朝の衰えと共に、全国を統一する基準性を失ったとするのが私の仮説である。それを示唆するエピソードが『史記』序文の「太史公自序」にある。

司馬遷と病床にある父司馬談の対話である。太史公司馬談は、①「学問をする者は今日まで『春秋』を規範とする。獲麟の年よりこのかた四百年余り」と語り、息子に歴史書編纂の仕事を託した。時は、元封元（BC一一〇）年。獲麟の年は、孔子が『春秋』の筆を止めた哀公十四（BC四八一）年である。

父亡き後、太史令になった司馬遷は、太初元年、太初暦布告の場で、亡父が日頃よく口にした言葉を語り、『史記』編纂を宣言する。その内容は次のようである。

②「周公が亡くなってから五百年たって孔子が生まれた」

③「孔子が没してから後、今まで五百年になる」

亡父は、②③を根拠にあげ、息子に『春秋』に次ぐ史書編纂の時期が到来したことを告げたという。そのことから、司馬遷は、『春秋』に継ぐ歴史書編纂が、自分の運命と知ったというのである。孔子没年はBC四七九年。「今」は、司馬談没年の元封元（BC一一〇）年のことである。

このエピソードにはいくつもの不審がある。問題点を整理しよう。

A、①の「獲麟の年よりこのかた四百年余り」は、実際には三七一年しかない。

B、③の「孔子が没してから後、今まで五百年になる」は、実際には三六九年しかない。

C、①は司馬談が息子に直接語った言葉である。一方、②③は司馬談がよく語った言葉として、司馬遷が間接的に語った言葉である。

D、①③は明らかに矛盾している。最大の謎は、亡父が、孔子の『春秋』執筆停止の年から「今」までを四百年、孔子が没した年から「今」までを五百年としている点だ。

Dの考察をしよう。①③を同一人物が語ったとは考えにくい。どちらかが「創作」と考えるべきだ。だとすると、「創作」は③の方だ。なぜなら①は、単に学問を修める者が『春秋』を規範にしてきた期間を語っているに過ぎない。一方③は、「聖人が出るべき年には一定の隔たりがある」ことを語り、司馬遷が孔子を継いで歴史書編纂を運命づけられた、とする内容になっている。創作化で意味をもつのは後者の方である。すなわち③は、亡父に名を借りた司馬遷自身の言葉だったのではないだろうか。

では、この問題全体をどのように理解すればよいのか。私は、西暦などの考えから離れて、「当時の司馬談、司馬遷の見方に立つ」という作業仮説以外に解決の道はないと考える。それを順次述べよう。

一、「獲麟の年よりこのかた四百年余り」は、太史公司馬談を含む史官の「時代を大まかに把握する数量的目安」だったのではないだろうか。どの職種にも職業熟練者には経験上蓄積された基準があり、それが同業者間で共有されているものだ。当時の史官達は、そうした「目安」をもって、瞬時に過去の出来事を測っていたのではないだろうか。それを無条件に受け入れてみよう。「今」を起点に、「獲麟の年は四百年前」というのが「目安」なら、それは「今」を起点にして四百年前のことだ（実際には三七一年前）。

二、「周公が亡くなってから五百年たって孔子が生まれた」も同様に「目安」であった。

三、司馬談も司馬遷も、同時代人として「獲麟の年よりこのかた四百年余り」の「目安」をもとに、孔子の時代をとらえていた。

四、この「目安」から孔子没年を求める。孔子は「獲麟の年」の二年後に没しているので、没年は「今」を起点に、三九八年前のこととなる（実際には三六九年前）。

五、「孔子が没してから後、今まで五百年になる」は、先も述べたように、司馬遷が自己を孔子と結びつけるために「創作」した言葉だ。司馬遷は、②に準じて、孔子没年から「今」までを五百年として、敬慕する孔子の後継者に自身を位置づけたかった。しかし、五百年とするにはあまりに年数が不足していた。

六、そこで、「二倍年暦」を利用して「五百年」を導こうとした。ここに司馬遷の「創作」の秘密があった。

七、「今」から二九三年前に、晋の韓・魏・趙分裂という事件があった（そこにも「三百年」のような「目安」があったかもしれない）。その事件を境にして、一倍年暦が多元化して、国ごとに暦法が立てられるようになった。つまり「年暦一元時代」の終焉と、「年暦多元時代」の到来だ。それを司馬遷は知悉していた。現在の我々からすれば、江戸時代の「赤穂浪士討ち入り」の時代に当たる。史料は十分ではないか。

八、その画期線から以前を「二倍年暦」、以後を「一倍年暦」で計算する。

九、すると、「目安」をもとに、孔子没年から画期線までが「二倍年暦」で二一〇年（(398−293)×2)、画期線から「今」までが「一倍年暦」で二九三年、合計して五〇三年となる。ここに司馬遷の「孔子が没してから後、今まで五百年になる」の計算の根拠があったのではないだろうか。

十、司馬遷は、この五百年の事実を知って、自身が『史記』を編纂する「運命の人」と確信したにちがいない。現代の我々からすれば、単なる数合わせに見えるが、司馬遷の時代には、聖人が出るべき年には一定の隔たりがあることが信じられていたのである。[10] たとえ年暦上の操作があったとしても、それを天のさだめとして受け入れる素地があったものと考える。

十一、以上をまとめてみよう。

①「獲麟の年よりこのかた四百年余り」（一倍年暦）史官の目安

②「周公が亡くなってから五百年たって孔子が生まれた」（一倍年暦）史官の目安

③「孔子が没してから後、今まで五百年になる」（二倍年暦と一倍年暦）司馬遷の創作

《結論》二倍年暦の基準性が失われた時期を、春秋時代末期と仮定して考察を進めてきた。その結果、司馬遷の謎の言葉「孔子が没してから後、今まで五百年になる」に一定の理解が得られたのではないだろうか。もしその解釈が正しいならば、司馬遷は二倍年暦の終焉を晋国分裂の時期と捉えていたことになる。以上が、私の仮説の根拠である。

6　おわりに

「後世の改変者の目を逃れた史料が、年齢表記として残存しているのかもしれない」。三年間に及ぶ史料調査の末、そうした考えに到った。その着想に基づいて書き上げたのが本稿である。本文中にも述べたように、本論は、中国の古典・歴史書に一貫する年暦の事実を明らかにするものではない。断片的に表れる「年齢」「長寿年齢」「寿命年齢」の事実から、かつて存在したであろう二倍年暦を発掘することを目的としている。

ただし、未だ解明されていない点もある。たとえば、穆王の在位期間を「二倍年暦」から「一倍年暦」に改変した司馬遷が、なぜ堯や舜、老子の寿命年暦や在位期間を改変しなかったのか、というような疑問などである。本論は、そうした疑問に答えるだけの研究段階には到っていない。この主題を共に

追究し、深めてくれる同志の出現を期待したい。

注

（1） 古田武彦氏が、一九七一年に『「邪馬台国」はなかった』で提起した説。邪馬壹国や他の倭国の位置比定には、必須アイテムの一つ。古田氏は「二倍年暦」を倭人伝と魏略から見出しており、最近では、パラオ周辺領域→日本列島→黄河領域の「二倍年暦」伝播説を展開している（『古代史の未来』一九九八年）。

（2） 参考までに「黄帝の初めから元鳳三年まで」の両派の年数に基づき、「二倍年暦」と「一倍年暦」の「画期線」を求めてみよう。

1　張寿王の暦を用いると、「黄帝の初め」の年代は、元鳳三（ＢＣ七八）年から六千年遡り、ＢＣ六〇七八年になる。

2　鮮于妄人の暦を用いると、「黄帝の初め」の年代は、元鳳三（ＢＣ七八）年から三六二九年遡り、ＢＣ三七〇七年になる。

3　張寿王の用いた暦の前半が「二倍年暦」、後半が「一倍年暦」、鮮于妄人の用いた資料が一貫して「一倍年暦」だったと仮定すると、X/2＋Y＝3629　X＋Y＝6000 の式が導かれ、解から画期線ＢＣ一三三六年が求められる。

4　張寿王は、黄帝の初めから元鳳三年までを「六千余年」としているので、ここで微調整が必要になる。ＢＣ一三三六年近くの「歴史上の画期となる事件」は殷遷都であり、ＢＣ一三〇〇年である。仮にこの事件が年暦の画期線だとすると、張寿王の六千余年は、六〇三六年となり、「余年＝三六年」は妥当ではないだろうか。

5　すなわち、「二倍年暦」と「一倍年暦」の画期線は、「ＢＣ一三〇〇年」という結論になるが、このことが何を意味するのかは、現時点では不明である。今後の課題としたい。

(3) 「王享國百年。老荒作刑、以詰四方」と区切り、「王、国を享くるに百年老荒し」と読んで、「周の建国より百年、五代目を継いだ穆王は老いて九十歳となり、風俗を正して刑によって世を治めんとした」と意訳する説がある。ここでは、新釈漢文大系『書経』(明治書院)の読みに従った。

(4) 『論語』の「悪」用例 三八

《巻第二》
○惟仁者能好人、能悪人
○句志於仁矣、無悪也
○貧與賤、是人之所悪也
○君子去仁、悪乎成名
○我未見好仁者悪不仁者
○悪不仁者其為仁矣
○士志於道、而恥悪衣悪食者、未足與議也
《巻第三》
○伯夷叔齊、不念旧悪、怨是用希
《巻第四》
○悪衣服、而致美乎紱免
《巻第五》
○色悪不食、臭悪不食
《巻第六》
○是故悪夫倭者
○愛之欲其生、悪之欲其死
○君子成人之美、不成人之悪

○攻其悪無攻人之悪、非脩慝與
《巻第七》
○郷人皆悪之何如
○其不善者悪之也
《巻第八》
○衆悪之必察焉、衆好之必察焉
《巻第九》
○悪紫之奪朱也、悪鄭声之乱雅樂也、悪利口之覆邦家
○君子亦有悪乎
○有悪、悪称人之悪者、悪居下流而訕上者、悪勇而無禮者、悪果敢而窒者
○賜也亦有悪乎、悪徼以為知者、悪不孫以為勇者、悪訐以為直者
○年四十而見悪焉、其終也已
《巻第十》
○是以君子悪居下流、天下之悪皆帰焉
○尊五美屏四悪、斯可以従政矣
○何謂四悪

（5）「論語」の「終」用例　十

《巻第一》
○慎終追遠、民徳帰厚矣
○吾與回言終日、不違如愚
《巻第二》
○君子無終食之間違仁

《巻第五》
○子路終身誦之
《巻第八》
○群居終日、言不及義、好行小慧
○吾嘗終日不食、終夜不寝
《巻第九》
○飽食終日、無所用心
○年四十而見悪焉、其終也已
《巻第十》
○四海困窮、天禄永終

(6) 仲尼弟子列伝　第七

○子淵（顔回）孔子より三七歳年少
　子淵は年二九で髪の毛がすっかり白くなり、早く死んだ。
○子騫　孔子より十五歳年少
○子有　孔子より二九歳年少
○子貢　孔子より三一歳年少
○子游　孔子より四五歳年少
○子夏　孔子より四四歳年少
○子張　孔子より四八歳年少
○子輿　孔子より四六歳年少
○子羽　孔子より二九歳年少
○子賤　孔子より三十歳年少

○子木　孔子より二九歳年少
○子羔　孔子より三十歳年少
○子遅　孔子より三六歳年少
○有若　孔子より四三歳年少
○商瞿　四十歳以後に子を五人儲ける
○子華　孔子より四二歳年少
○子旗　孔子より三十歳年少
○叔魚　孔子より二九歳年少
○子柳　孔子より四六歳年少
○子魯　孔子より五十歳年少
○子循　孔子より五十歳年少
○子析　孔子より五十歳年少
○子石　孔子より五三歳年少

（7）『史記』老子・韓非列伝には、孔子が老子を訪ねたエピソードが語られている。老子については不明な点が多く、この記述についても事実ではなかったとするのが定説のようだ。しかし、ここではそうした史実の真偽を問題にしているのではない。孔子と老子が会見をしても不思議はないという当時の常識、孔子と老子は同時代であっても不思議はないという常識が、世間一般の見方だったとする点である。司馬遷もまたその時代を生きた人だったのである。

（8）『史記』（孔子世家）の孔子「寿命年齢七十三歳」と、『論語』の「七十而従心所欲」の年齢が整合している。

（9）『史記』秦本紀・始皇本紀

A　初代秦侯から第三十六代胡亥までの在位年数の分布は以下の通りである。

○在位年数十年以下　十四名

○在位年数十一年～二十年　九名
○在位年数二十一年～三十年　五名
○在位年数三十一年～四十年　五名
○在位年数四十一年～五十年　二名
○在位年数五十一年～六十年　一名（五六年）

B　寿命年齢が判明している王は、以下の通りである。

○憲公　二二歳
○出子　十一歳
○徳公　三五歳
○孝公　四五歳
○政（始皇帝）　五一歳
○胡亥　二四歳

(10)　孟子は「堯舜から湯王まで五百年、湯王から文王まで五百年」という（『孟子』公孫丑下篇・尽心下篇）。

（教師）

古田武彦・古代史コレクション

既刊は本体二八〇〇〜三五〇〇円

〈既刊〉

①「邪馬台国」はなかった
②失われた九州王朝
③盗まれた神話
④邪馬壹国の論理
⑤ここに古代王朝ありき
⑥倭人伝を徹底して読む
⑦よみがえる卑弥呼
⑧古代史を疑う
⑨古代は沈黙せず
⑩真実の東北王朝
⑪人麿の運命
⑫古代史の十字路
⑬壬申大乱
⑭多元的古代の成立（上）
⑮多元的古代の成立（下）
⑯九州王朝の歴史学
⑰失われた日本
⑱よみがえる九州王朝
⑲古代は輝いていたⅠ
⑳古代は輝いていたⅡ
㉑古代は輝いていたⅢ
㉒古代の霧の中から
㉓古代史をひらく

〈続刊予定〉

㉔古代史をゆるがす
㉕邪馬一国への道標
㉖邪馬一国の証明
㉗古代通史

卑弥呼——鬼道に事え、見る有る者少なし　古田武彦著
四六判四四八頁
本体二八〇〇円

真実に悔いなし——親鸞から卑弥呼へ　日本史の謎を解読して　古田武彦著
四六判四〇八頁
本体三〇〇〇円

●ミネルヴァ書房

《著者紹介》

古田武彦（ふるた・たけひこ）

1926年　福島県生まれ。

旧制広島高校を経て，東北大学法文学部日本思想史科において村岡典嗣に学ぶ。

長野県松本深志高校教諭，神戸森高校講師，神戸市立湊川高校，京都市立洛陽高校教諭を経て，

1980年　龍谷大学講師。

1984～96年　昭和薬科大学教授。

著　作　『「邪馬台国」はなかった――解読された倭人伝の謎』朝日新聞社，1971年（朝日文庫，1992年）。

『失われた九州王朝――天皇家以前の古代史』朝日新聞社，1973年（朝日文庫，1993年）。

『盗まれた神話――記・紀の秘密』朝日新聞社，1975年（朝日文庫，1993年）。

『古田武彦著作集　親鸞・思想史研究編』全３巻，明石書店，2002年。

『俾弥呼――鬼道に事え，見る有る者少なし』ミネルヴァ書房，2011年。

『真実に悔いなし――親鸞から俾弥呼へ 日本史の謎を解読して』ミネルヴァ書房，2013年。

シリーズ「古田武彦・歴史への探究」ミネルヴァ書房，2013年～，ほか多数。

古田武彦・古代史コレクション㉓

古代史をひらく

――独創の13の扉――

2015年３月10日　初版第１刷発行　〈検印省略〉

定価はカバーに
表示しています

著　者　古　田　武　彦

発行者　杉　田　啓　三

印刷者　江　戸　宏　介

発行所　株式会社　ミネルヴァ書房

607-8494 京都市山科区日ノ岡堤谷町１
電話代表（075）581-5191
振替口座 01020-0-8076

共同印刷工業・兼文堂

ISBN978-4-623-06670-4

Printed in Japan

人名索引

あ 行

か 行

さ 行

た　行

な　行

は　行

ま　行

や　行

ら・わ行

事項索引

た　行

な　行

は　行

ま　行

や　行

ら　行

わ　行

地名索引

あ 行

か 行

さ 行

た 行

な 行

は 行

ま 行

や 行

ら 行

わ 行